日本の遺跡 4

六郷山と田染荘遺跡

櫻井成昭 著

同成社

富貴寺大堂。平安時代の阿弥陀堂建築として国宝に指定される（本文94頁）

富貴寺大堂内部の想定復元された実大壁画（大分県立歴史博物館内、本文170頁）

杵築藩の菩提寺だった両子寺へ上る旧参道。昔の景観を今に残す（本文70頁）

天念寺前を流れる川の岩場に刻まれた川中不動とよばれる磨崖仏（本文80頁）

14世紀前半には現景観が形成されたとされる田染荘小崎地区（本文126頁）

中世後半には開発されていた一畑地区（本文167頁）

六郷山寺院を開いたとされている
仁聞菩薩像（両子寺、本文70頁）

田染荘大曲地区の山間に佇む永和元年
（1375）銘の国東塔（本文134頁）

旧千燈寺の900基を超える五輪塔（本文67頁）

目　次

カバー写真　熊野磨崖仏
装丁　吉永聖児

六郷山と田染荘遺跡

I　二つのまなざし

国東《くにさき》半島は、九州の北東部に位置する、瀬戸内海に突き出した半島である。南北約三九キロ、東西約三五キロのほぼ円形で、空から眺めると独特の地形をなしていることがわかる。半島の中央近くに主峰両子山（七二一メートル）があり、その周囲に文殊山（六一七メートル）、千灯岳（六〇六メートル）、尻付山（五八七メートル）など標高五〇〇メートルをこえる山々がそびえる。この一帯から、海に向かって放射状に開析谷が伸び、これらは「国東二十八谷」とよばれている。また、半島の付け根の南西部にも高度の高い部分があり、華岳（五九三メートル）、西叡山（五七一メートル）、田原山（鋸山・五四三メートル）、烏帽子岳（四九四メートル）などの山塊がある。これらの山塊の間に地溝体がはしり、西に向かって桂川が、東に向かって安岐川が流れる。このうち、桂川流域の田染地区には小盆地が形成されている。

古代、この地は「国前」あるいは「国崎」などと書かれた。『豊後国風土記』によれば、このクニサキという地名の由来は、景行天皇が熊襲へ兵を進めるため、周防国佐婆《さば》（山口県防府市）から船で周防灘を渡ったとき、海の彼方にみえる国東半島を指して、「彼の見ゆるは、けだし国の埼ならむ」とよんだことにもとづくという。このように、ヤマトの大王（天皇）が地名をつけたという説話は、天皇がその地域を掌握支配したことを示している。また、西別府元日は『古事記』や『日本書紀』などの記述から、国東半島を含む周防灘沿岸部はヤマト王権の支配が早くから及び、ヤマト王権からみたとき、国東半島は支配領域の周縁の地であり、外界への入口にあたる地と位置づけている。

さて、こうした国東半島では、中央部付近を中心に切り立った岩山や奇岩が連なる、神秘的な景観が広がり、山間の地には、六郷山とよばれる天台宗の寺々や信仰の場である岩窟が各地に点在している。そして、深山に雄大な姿をみせる熊野磨《ま》崖仏《がいぶつ》（国特別史跡）、極楽浄土の世界を再現した富貴寺大堂（国宝）、あるいはムラの小さなお堂や仏像、そして石塔と、国東半島にはじつに多種多様な「信仰の遺産」が今に伝えられ、人びとのくらしのなかに息づいている。また、古代から中世にかけて国東半島には宇佐宮やその神宮寺である弥勒寺の荘園があり、なかには宇佐宮の根本所領となるものもあった。同時に半島東部の国東郷は中世を通じて国領として維持され、国東半島は宇佐宮や豊後国衙にとって重要な地でもあった（図1）。一方で、国東半島は山が多く、交通も不便であったことから、二、三十年前までは「陸の孤島」ともよばれ、現在も過疎が進みつつあり、こうした状況をうけて、国東半島には「仏の里」と「過疎に悩む地」という二つの「まなざし」が向けられている。

これら二つの「まなざし」は、国東半島の歴史や文化を紹介するときには「仏の里」、現状に触れるときには「過疎に悩む地」というように、おのおのが別個に示されることが多く、両者がまと

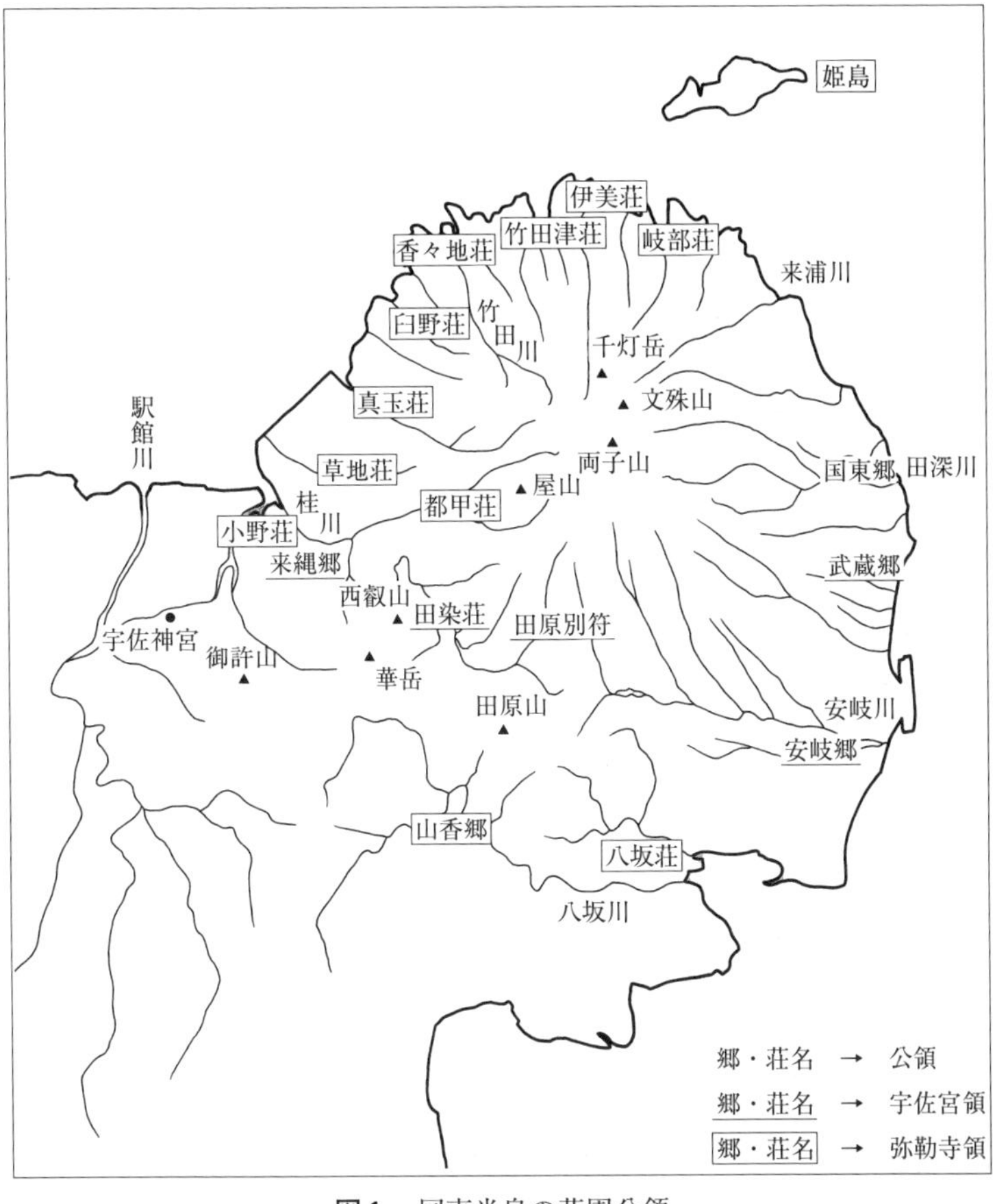

図1　国東半島の荘園公領

められたときには、現在は不便な地である国東半島だが、かつては荘園や天台宗の寺々などが栄え、数多くの石造物などが生み出されたという文脈で語られる。しかし、たとえば国東半島各地に無数にある石造物の製作には、「いのりのこころ」とともに一定の富が必要であった。すると、まず国東半島は不便な地であるという認識は近代において形成されたものであり、そうした認識ではとらえきることができない、国東半島の豊かな歴史が過去の長い時間の中に横たわっているということもできる。

本書は、六郷山《ろくごうさん》と田染荘《たしぶのしょう》という、国東半島の歴史と文化を代表する二つの遺跡を紹介するものだが、いうまでもなくこれらの遺跡は国東半島において地形や気候という動かし難い制約の下で展開した過去の人びとのさまざまな営みの記録を伝えるものである。そこで、遺跡の紹介に入る前に、そうした国東半島における人びとの営みの軌跡について触れ、前で触れた人びとのくらしといのりを支えた「豊かさ」はどこから生まれたのかを見つめ直しておきたい。

なお、以下ではムラという表記を使用する場合があるが、これは集落と生産の場（耕地や山林など）の結合体を指すという石井進の指摘に従っている。荘園や近世以後の行政単位としての村は、こうしたムラの集合体なのである。

Ⅱ　国東半島の地形と歴史

1　限られた平地とその開発

(一) 水田の開発

国東半島は、他の半島がそうであるように大部分が山地で平地は少ない。そのなかで、まとまって平地が分布する地は、内陸部に桂川中流域の田染盆地などがあるものの、多くは放射状に伸びる谷に分布する。

現在、こうした国東半島の谷々では、谷底平野や緩斜面に水田が広がっているが、国東半島の各地で行われた発掘調査によれば、平地部では縄文時代後半から人びとの活動の痕跡が確認されており、現在の景観は以後のたゆまぬ人びとの営みが創り出したものといえる。

ところで、半島の河川は総長が二〇キロをこえるものは少なく、いわば急勾配の河川ばかりであることから、流域を充分に潤すだけの水量がない。加えて、国東半島は夏季に雨量が少ない気候条件のもとにある。このような地形・気候条件は、半島で展開する人びとの営みを大なり小なり制約することになり、基本的に谷に広がる平地での人びとの営みにとって、水の確保と治水という二種の水のコントロールは大きな課題でありつづけた。こうした中で、現在のような水田景観は、どのように生み出されてきたのだろうか。

国東半島では、弥生時代以後人びとが谷や盆地の沖積地で水田開発を進めたことが確認される。たとえば、半島東部の田深《たぶか》川下流域の右岸にある安国寺《あんこくじ》遺跡（国史跡・国東町）は、弥生時代後半における低湿地開発の様子を伝える集落遺跡である。この遺跡は、U字状の濠で囲まれた内側に掘立柱建物群が発見され、濠内からは多量の木器や建築部材が出土したことで注目を集め、「西の登呂」ともよばれた。出土した木器には又鍬や三又鍬などの農耕具があり、低湿地の開発が進んでいたことをうかがわせる。また、田深川下流の右岸沖積地には、この安国寺遺跡をはじめ、安国寺遺跡割田1地区や原遺跡餅田3地区など、弥生時代後期終末頃の小規模な集落遺跡が点在しており、この一帯の開発が引きつづき展開されたことがうかがえるが、河川の氾濫などからいずれも安定した集落ではなかったものと思われる。

こうした人びとの活動の軌跡を、一定のエリアにおいて歴史的に追究できる地として半島北西部の竹田川下流域（豊後高田市）がある。この地は、十世紀後半頃に成立した弥勒寺領香々地荘《かがちのしょう》の拠点となった地で、その地形をみると、右岸に微高地がみられ、それらは相対的な高さから微高地面Ⅰ、微高地面Ⅱに分けられる。微高地面Ⅰは川沿いにあり、川から丘陵に向かうにつれて標高が低くなり、丘陵裾には青白色粘土層が堆積する低湿地が広がる（図2）。また、微高地面の上流部、すなわち谷が扇状地状に開き始める部分には低位段丘面がある。

こうした竹田川下流域の水田開発について、後

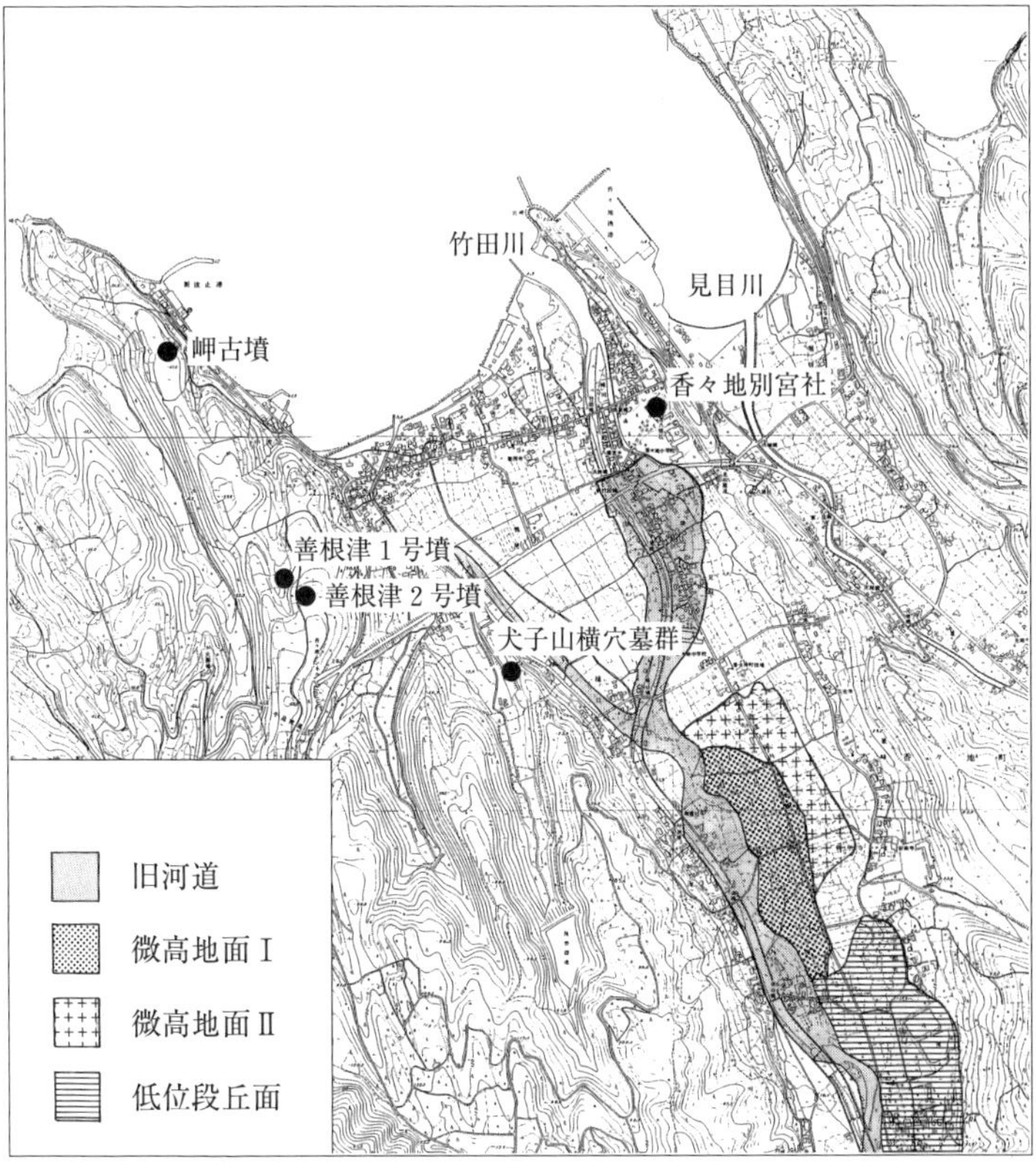

図２　竹田川下流域の地形概念図

藤一重は圃場整備にともなう発掘調査の成果から、大きく分けて次のような三つの段階をたどったことを明らかにしている。

A段階――右岸丘陵裾の地下水位の高い低湿地や湧水の周辺など、水の供給が便利な場所に水田が開かれる。弥生時代前期後半から水田開発が始まり、弥生時代後半から古墳時代にかけて低地部での面的拡大がみられる。集落は水田が開かれた地と立地上たがいに競合しない地に所在する。

B段階――微高地や段丘にま

で水田開発が及ぶ段階。いわば、自然地形を克服しようとするもので、竹田川下流域では四つの段階に細分することができる。

①まず、古墳時代後半頃から微高地面Ⅱの耕地化が始まる。この段階の集落はA段階と同様の状況にあったとみられる。

②条里地割が広がるエリアの開発が本格化する。集落地が規制されるようになり、耕地に対する耕作単位（屋敷群）が点在する形をとる。

③十二世紀頃から微高地面Ⅰが開発される。

④微高地面Ⅰで集落の痕跡が消える。同時に、河川の流路の固定にともなう旧河道域の水田化も図られたとみられ、この段階までで開発可能な部分の水田化がほぼ達成される。また、③と④二つの段階では、集落地が徐々に限定されることになり、耕作地に対して耕作単位が点在する場合と群集する場合を併せもつことになる。

ただ、この段階で開かれた水田すべてが恒常的に安定したものとはいえず、畠地も混在したことがうかがえる。この段階の開発は、いわば自然地形の克服を意味するもので、その達成には傑出した首長が率いる農業共同体や律令国家、あるいは荘園領主といった強力な推進主体が必要であったと考えられる。なお、集落形成については、このほかに耕作地に対して耕作単位が複数群集する場合もあるが、これは竹田川下流域ではみることができない。

C段階――時代としては十七世紀以後となるが、とくに井堰灌漑の地では慢性的な水不足がみられ、恒常的に安定した水田の拡大のために、灌漑用井戸（トリべ）の開削や双子池や信川池などの溜池築造が行われる。
この段階は、①新たな溜池や井堰の築造、②既存の溜池や井堰の補修、さらには地域総延長が数十キロに及ぶ長大な水路の構築といった、B段階のアフターケアという性格が強く、B段階に匹敵する大規模な土木工事が行われる。こうしたC段階の開発は既存の水田の安定維持を目的とするものだが、これによって新たに水田が開発されることもあったとみられる。

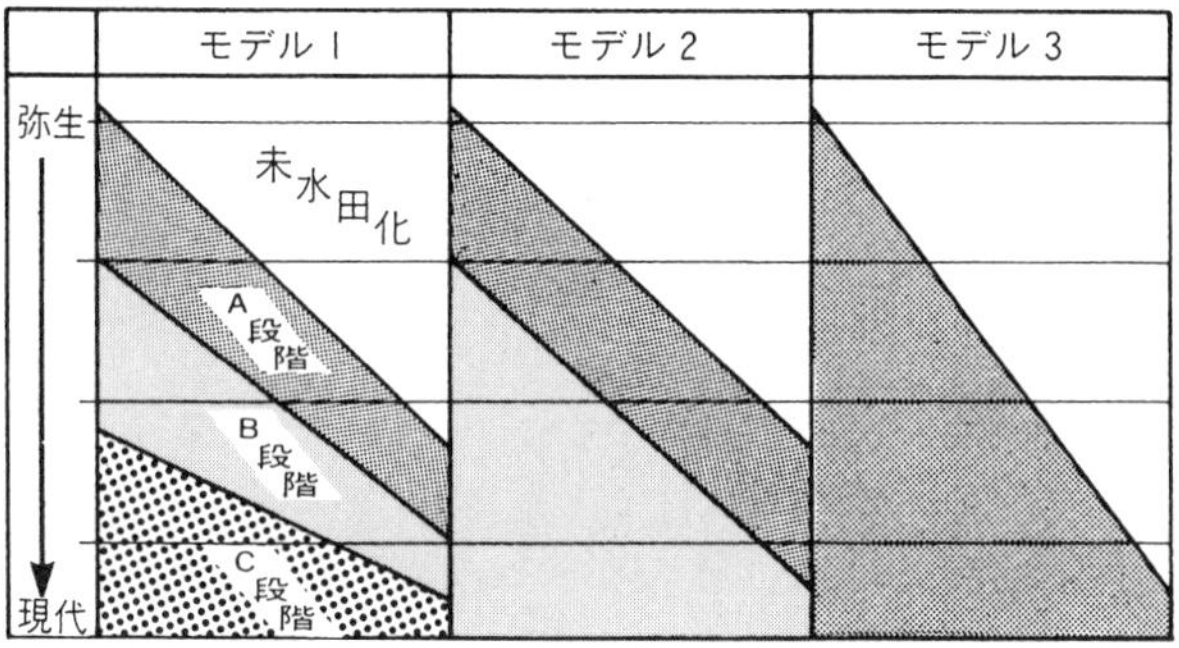

図3　水田開発のモデルパターン

そして、後藤はこれら三つの段階設定をふまえて、以下のように国東半島における谷の下流域や中流域、あるいは上流域、そして盆地といった狭義の単位地域での水田開発史のモデルを提示した（図3）。もちろん、この図3に示されるように、各段階の開始あるいは終了時期は、地形や社会的状況によって半島各地でさまざまに異なる。

モデル1——A段階→B段階→C段階と経過し、現在にいたる地域。大小の平地部や山間の谷底平野でもみられる。とくに、河川や溜池の基本水量に対してB段階の開発水田の面積が上回る大規模な平地部ではこのモデルが多い。また、各段階が早く終了するほど、先進性が高いといえる。

モデル2——A段階の後、B段階があり、そして現在にいたる地域。このモデルは、河川や溜池の基本水量がB段階の開発水田の面積を上回る、山間の小規模な平地部や谷底平野でみられる。

モデル3――A段階のみの開発で現在にいたる地域。多くの場合、棚田や谷沿いのいわゆる迫田にみられる。

このような後藤の見解は、半島各地における水田開発の歴史をとらえる上で重要なものである。そこで、後藤がこうした見解を示した後の調査事例をふまえて、右で触れた三つの段階とモデルについて筆者なりにあらためて整理しておきたい。

まず、A段階は自然灌漑の段階で、水田は低湿地あるいは湧水やヤマからの出水などを水源として開かれる。

次に、B段階は人工灌漑というべき段階で、主として河川灌漑が整備される段階である。大規模な井堰や長大な水路などの築造を行い、地形を克服する形で水田が開かれるが、段丘上や丘陵麓の緩斜面では湧水などを水源とする小規模なものはあっても、水田開発の手は及ばない。ただ、これらの地では耕地としての開発はこの段階でほぼ達成される。一方、このB段階では溜池が谷や盆地部の沖積地周辺に築造される場合もあるが、地域の水田開発にとって果たす役割はまだ小さい。

C段階は主として溜池灌漑が整備される段階で、溜池の築造とかさ上げが各地で実施される。もちろん、河川灌漑にもとづく井堰の整備や長大な水路の新造なども実施されたが、この段階の象徴というべきものが谷を遮断する形で築造される溜池である。

前述したように、後藤はC段階は既存水田の安定化を目的に溜池などが築造されたとしている。しかし、竹田川と丘陵をはさんで東に位置する見目川流域では、上流部に一六八九（元禄二）年に藤原池が築造されたが、一八九〇（明治二十三）年作成の地籍図や土地台帳をみると、見目川中上流域では小規模な水田が点在するものの、ほとんどが畑地として登録されている。つまり、藤原池の築造目的は下流域に広がっていた水田の安定化を第一義としており、中上流域における水田開発は一八八一（明治十四）年～一八九八年のかさ上げ工事によって展開したのである。このようにみると、C段階では既存水田の安定化（C1）と新たな水田開発（C2）という二つの動きが確認できる。これら二つの段階はC1→C2という段階を経ることが多いが、両者が一体となる場合、あるいはC1のみで終了する場合もある。このC段階で、半島における水田は面的ピークを迎える。

（二）溜池築造と「大開発」の時代

それでは、国東半島における水田の面的ピークをもたらしたC段階は、時代としてはいつにあたるのだろうか。後で詳しく紹介する宇佐宮領田染荘の領域にあたる田染盆地周辺では、すでに十七世紀後半に水田の面的開発はほぼピークを迎え、桂川の支流の谷頭には溜池が築かれていたことが近世の村絵図で確認できる。つまり、田染盆地一帯では少なくとも十七世紀後半にはC段階に入っており、水田の広がりもピークにあったことがわかる。

ただ、半島全体でみると、桂川中流域にあり比較的安定した田染盆地一帯は、水田開発の展開が最も早く進んだ地といえ、たとえば、前で触れた竹田川流域を中心とする弥勒寺領香々地荘域では、諸記録からほとんどの溜池が十八世紀半ば以後、とくに谷奥部に所在するものや既存の溜池のかさ上げ工事は十九世紀前半以後に築造あるいは実施されている。たしかに、半島南東部の尾根上

図４　尾払池

に位置し、一六六三（寛文三）年に竣工した半島きっての大規模な溜池である尾払《おばらい》池《いけ》（図4、杵築市・安岐町）や、半島東部の富来《とみく》川上流部にあり万治年間（一六五八～一六六一）に築かれたという万治池、あるいは前で触れた藤原池など、十七世紀代に築造された溜池が各地で確認できることからすれば、傾向として国東半島の多くの地では十七世紀後半にはＣ段階に入っていたということができよう。ただ、尾払池でも堤防のかさ上げや同池を補完する池の築造によって、その配水地域で水田面積がピークを迎えるのは十九世紀半ば以後のことであり、半島の多くの地で水田の面的ピークとなるのは十九世紀になってからのことである。寡雨地帯である国東半島には溜池がじつに多い。しかし、そのほとんどは近世後半から近代にかけて築造されたもので、国東半島にとってこの時代は溜池築造とそれによる大開発の時代ということができようし、半島に所在する多くの溜池は、近世後半から近代にかけての水田開発を象徴する歴史遺産といえるだろう。

　ところで、前述したように、半島の河川は急勾配のものが多く、過去の記録をみるとたびたび洪水を起こしたことが知られる。安岐川上流域の朝《あさ》来《く》地区（安岐町）では、十八世紀前半からおよそ一世紀の間に三回洪水にみまわれていることが護《ご》聖寺《しょうじ》に残された記録（護聖寺寺地并祭礼等書上）

から確認できるし、各谷の下流域の発掘調査によれば、光広遺跡（安岐町）のように現在の表土の下に厚く砂礫層が堆積する地が多く確認されている。また、『国東町史』には、半島北東部の来浦《くのうら》川河口では十八世紀後半に干拓による塩田開発が行われたが、その折二つに分かれていた河口を一つにまとめ、来浦川の流路を定めたとある。あるいは、半島南東部の安岐川下流域は荒木川との合流点が河口近くにあることから、二つの川にはさまれた地は氾濫原として耕地開発が進まなかったが、ここに所在する集落の成立が十七世紀末と伝えられることから、おそらくこの時期に一定度の治水が達成されたとみられる。国東半島の各谷では、近世以後の治水の達成によって、より安定した水田が生み出されたのである。

一方、このC段階にあたる時期に半島では干拓によって海に耕地と集落を生み出すという動きもみられる。前述した来浦川河口部の塩田開発をはじめ、遠浅の海が広がる半島西部では呉崎《くれさき》新田や鹿伏《かぶせ》新田（豊後高田市）などで十九世紀になって大規模な干拓が実施されている。このようにみると、現在の国東半島における谷全体や海岸部で一面に水田が広がる景観を生み出す直接の契機となったのがこのC段階ということができ、それは溜池の築造、河川流路の安定、そして干拓によって達成されたのである。

また、これらC段階における開発の展開は、それ以前つまり十六世紀以前の国東半島における景観と生産力が現況とくらべて異なるものであったことも伝えている。中世の諸史料と現地調査の成果によれば、中世の国東半島では畠地の占める役割が大きかったことがうかがえる。たとえば、竹田川中流域にある長小野《ながおの》地区（豊後高田市、後掲の図45参照）では、一四四一（永享十三）年の

「長小野村畠内検目録」（余瀬文書）などから、現在は一面に水田が広がる右岸の段丘上はほとんどが畠地で、そこには鎮守の「御神畠」があったことが確認できる。また、竹田川上流域の夷地区では、後述するように、十六世紀の諸史料からアワ、ヒエなどの穀物などとともに木綿が栽培されていたこともわかる。つまり、十六世紀以前の国東半島では段丘上や山地裾の緩斜面には畠地が多く分布し、さまざまな畠作物が生み出されていたことがうかがえるのである。冒頭で触れたように、国東半島には一定の富を必要とする寺院や中世に製作されたおびただしい数の石造物などがある。このことをふまえると、十六世紀以前の国東半島では、右で触れたような限られた平地部だけでなくヤマや海も人びとに富をもたらす重要な地ではなかったかということが推測される。

以下では、そうした国東半島のヤマそして海を見つめ直していくことにしよう。

2　山地―ヤマ―の開発

（一）山地の開発と利用

国東半島には山地があふれるように広がる。半島中央部の山塊から、放射状に海に向かって山地が伸び、それらは海に近づくにつれて標高が低くなり、海に落ち込むところが多い。ここでいう山地は、たとえば標高二〇〇《メートル》以上というような、地形面から定義されたものではなく、谷の沖積地などサトの人びとがヤマとよび慣わす地をいう。そのため、ここには丘陵とよばれるような箇所も含まれるが、地形上このような山地は谷を分けるものであり、谷に住む人びとにとっては外界との境とされた地であった。

こうした国東半島の山地のうち、半島中央部近

図5　国東半島の耶馬（天念寺）

くには独特の景観が広がる。図5にあるように、急崖がそそり立ち、奇岩が連なる風景である。国東半島の地質は大部分が第三紀以後の火山岩や火山砕屑物からなり、輝石安山岩を主成分とする耶馬渓層が広く大地を覆っている。半島各地の「〜耶馬」とよばれる、奇岩おりなす独特の風景は、この層によって形づくられたものである。耶馬渓層は、その名に示されるように、耶馬渓をはじめとする大分県北部や西部、福岡県南東部などに分布し、国東半島はその東端にあたる。こうした独特の地形は自然の神秘の反映として受けとめられ、それゆえに信仰の場ともなった。後で詳しく触れる六郷山寺院は、急峻な岩山の崖にうがたれた岩窟から始まるものが少なくない。

次に、国東半島の山地を植生からみると、現在国東半島のほとんどがアカマツ—ヤマツツジ群集で覆われる。前述した国東半島の気候からすると、本来は半島の全域が常緑広葉樹林となる環境であるというが、現在広葉樹林が残る地は限られている。半島中央部の両子寺（安岐町）や文殊仙寺（国東町）などにウラジロカシ—サカキ群集が、東国東の沿岸近くの櫻八幡（国東町）や宝命《ほうめい》寺《じ》（武蔵町）にスダジイ—ヤブコウジ群集などが残るのみである。寺社という聖なる信仰の場を除いて、大半は人びとの開発の手が加わることで生まれるアカマツ—ヤマツツジ群集で覆われてお

図6　大正時代の小俣地区

り、これは山地が人びとによって利用されてきたことを示している。

このような国東半島における山地について、まずは一枚の写真をみていただきたい（図6）。

これは、半島中央部に近い安岐川最上流域の小俣地区（場所は、後掲の図34参照）を撮影した古写真である。一九一五（大正四）年に刊行された『朝来村史蹟写真帖』に掲載されたもので、写真にある益ヶ原池は谷の最奥部に位置する池である。これをみると、池周辺の山地には高い樹木はなく、草地が広がっている。実際、一八八七（明治二十）年の地籍図によれば、この益ヶ原池周辺の山地は秣場とされている。

この小俣地区に限らず、明治二十年代に製作された地籍図をみると、半島各地の山地では秣場あるいは芝地などとされる地が少なくない。すると、すでに十九世紀後半の段階でみても、国東半島のヤマの景観そして土地利用は樹木が生い茂る現況と大きく異なるものであったことがうかがえる。

さて、こうした国東半島の山地利用の一つとしてまず挙げられるのが焼畑である。たとえば、一八七八（明治十一）年作成の『国東郡村誌』をみると、明治村（安岐町）には田や畑とともに苅畑という記載がある。出田和久によれば、この苅畑はナギノとよばれる焼畑から常畑に移行する途中にある耕地を指すといい、豊後高田市田染地区に残る近世の村絵図には、山の斜面にこのナギノとみられる短冊状の畑地が描かれている。

さらに時代をさかのぼると、網野善彦が紹介した六郷山に関する史料のうち、一三三〇（元徳二）年の「鎮西探題裁許状」（島原松平文庫）には、次のような記述がある。

伊美の一方の地頭また五郎入道浄意跡、千燈嶽以下所々に乱入し、狩猟を致す。あまつさえ霊山を畑に切り焼き払うの条いわれなき由（原漢文）

弥勒寺領伊美荘（国見町）の地頭が千燈嶽などで狩猟を行い、さらに霊山を焼き払い畑としたというのである。つまりこの史料は、十四世紀の国東半島には焼畑が所在したことを伝えているのである。

さて、この史料について半島における山地利用という点からなお留意されるのが、「狩猟を致す」という一節である。実際、中世の史料によれば、国東半島各地に地頭による狩猟場としての狩倉が設定されていたことが知られる。たとえば、弥勒寺領都甲荘《とごうのしょう》の領域の北端は「今狩蔵御尾」と記される。ここにいう御尾《みお》は地形を示す言葉であり、現地をみると、その地は標高一〇〇メートルに満たない低い山地である。また、一三三六（建武三）年の「御代官家継承補任状」（松田文書）には「薗木狩倉」の名があり、六太郎平三郎がその弁済使に任命されている。ここにいう薗木は宇佐宮領田染荘に属し、この狩倉は田染荘側から設定されたとみられる。また、六太郎は薗木と尾根を境に隣接する地の名で、現在の豊後高田市と杵築市山香町の境界近くに位置する。

ところで、この六太郎には十二世紀代の作とみられる木造観音菩薩立像があり、すでに建武の史料に六太郎の名があることからして、十四世紀には開発の手が及んでいた地とみられる。ただ、一三六八(貞治七)年の「某宛行状」(松田文書)には「六太郎畑田畠屋敷等」と記されている。ここから六太郎には開発所領が確実に所在していたことがわかるし、「畑」の字が使われていることから、六太郎周辺では焼畑があり、それは狩倉を利用したことがうかがえる。前でみた千燈嶽でも狩猟場と焼畑が無関係でなかったことをふまえると、狩倉のような狩猟場は焼畑として利用されたと考えられるのである。実際、黒田日出男が紹介した一三〇〇(正安二)年の「鎮西探題裁許状」(山田文書)によれば、薩摩国谷山郡山田村の百姓が「狩倉を畑に切らしめ」たため、地頭が百姓九人の身柄を拘束している。

狩倉は武士の軍事演習の場であることから、樹木が生い茂る地ではなく、見通しのきく草地であり、都甲荘の境界にある今狩蔵がそうであったように、狩倉が設定された地は人の手が及ばないような山地ではなかった。飯沼賢司は国東半島の山地利用を述べたなかで、狩倉と焼畑はどちらが先に成立したかが問題ではなく、狩倉と焼畑は鎌倉時代末期には低い山の斜面で焼畑開発が進行していたことを示すものとして位置づけるべきとした。

国東半島において、山地の開発がどのようにして始まったのかは残念ながら不明である。しかし、以上のようなことから近代以前の国東半島では山地がさまざまな形で利用されていたことがうかがえ、われわれが目にする現況とは異なる景観が半島の山地には広がっていたといえる。そして、このような山地の開発とその展開は、古くは畏怖の対象であった山地に人間の手が及んでいく過程が克服していく過程を意味する。中世という時代は、恐るべき自然を人間が克服していった時代であり、狩倉や焼畑はそうした山地開発の一端を伝えるものなのである。

（二）多様な産物――木綿と鉄

ヤマの産物 ―材木・木綿・茶―

それでは、国東半島の山地からはどのような産物が生み出されていたのだろうか。

試みに、『国東郡村誌』にある村々の特産品の項目をみていくと、山間の村々からは薪や炭あるいは竹が特産品として記されている。さらに、それらは山口県や遠く関西に輸出されたとあり、近世には薪や炭などが「ヤマの産物」として流通していたことがわかる。近世以前の様子となると不明な点が多いが、中世後半には大友義鎮が岐部氏に対して材木を所望していることが知られる。それに、薪や炭は後述するような製鉄などの燃料として不可欠なものであるし、竹は日常生活用品の材料となる。いわば山地に生える樹木は、地域に富をもたらす重要な産物であったといえる。

さらに、国東半島に関する諸史料に登場する産物として注目されるものに木綿と茶がある。これらの栽培については、山地のみというより段丘上などの畠地でも行われたと考えられる。

前述したように半島北西部の竹田川上流域の夷《えびす》地区（豊後高田市）では、十六世紀後半とみられる諸史料（「某所土貢注文」など。余瀬文書）に「きわた」あるいは「もんめん」の記載があり、木綿栽培が行われていたことがわかる。また、半島南部の杵築市中津屋地区の文禄年間の検地帳にも「きわた」の記載があることから、この地でも木綿栽培を確認することができる。いうまでもなく、木綿は重要な商品作物であり、十六世紀代に木綿栽培が史料で確認できるのは以上の二地区のみだが、これらの地にとっては富をもたらす重要な産物であったといえよう。

また、竹田川最上流部の狩場地区（豊後高田市）や半島南東部の山口地区（安岐町）では、中世後半には茶が栽培されていたことが史料から確認できる。狩場地区では、「狩場村指出帳控等写」（大分県立歴史博物館蔵）からすでに一六〇三（慶長八）年には茶を栽培していたことが知られるし、山口地区では一五四七（天文十六）年の「宇佐御神領定使給分坪付」（到津文書）に茶畠の地名が記されており、その地は低い山地の尾根に位置する。ただ、史料から十六世紀代に茶の栽培をうかがわせる例はこれら以外に確認できない。

このようにみると、木綿にしても、茶にしても史料で確認できる事例は限られているが、重要なことはこれらは中世後半の国東半島の山間では多様な産物が生み出されていたことを示していると いうことであり、それらは地域に一定の富をもたらしていたことである。

国東半島の鉄

ところで、国東半島で生み出された産物として注目されるものに鉄がある。たとえば、宇佐宮領安岐郷の諸田名（安岐町）は、一三〇〇（正安二）年の「小松雑掌公祐和与状」（志賀文書）では鍬を年貢として納入する地であった。鍬の原料となる鉄がどこから供給されたのかを知ることはできないが、鎌倉時代に山間の地で製鉄が行われていたことは興味深い。また、十六世紀には竹田川上流域の夷地区と半島北部の岐部《きべ》地区（国見町）から、大友氏に「切鉄」や「地鉄」が貢納されていたことが史料で確認できる。なかでも、夷地区では十六世紀後半の史料とみられる「源六御蔵入納記」（余瀬文書）に鍋や釜といった鉄製品も納入されていたとある。現在、この夷地区周辺では露頭した崖面が赤く変色したところをみることができ、その成分

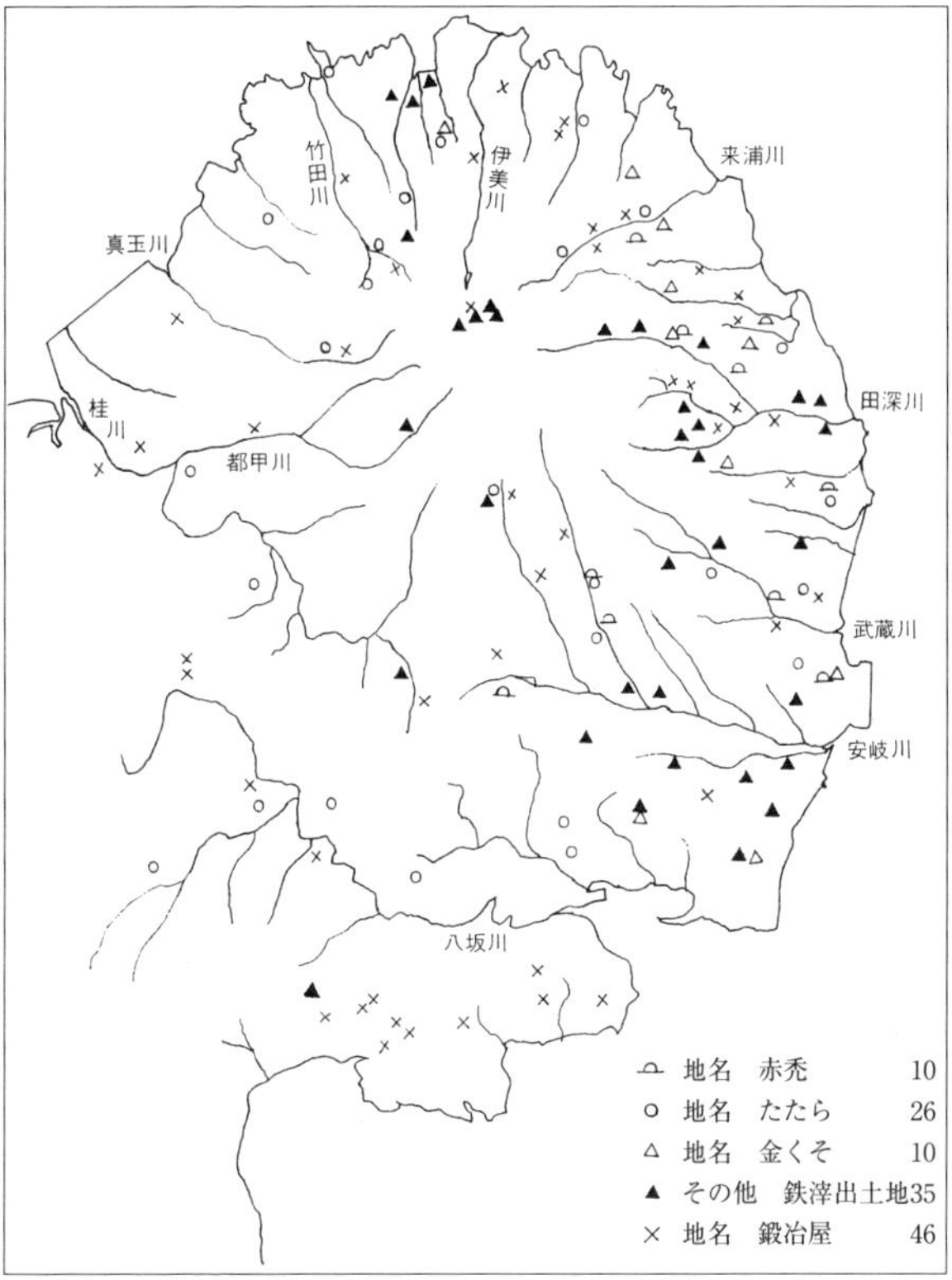

図7　製鉄関係地名および鉄滓出土地
（所在不明の地名などは除く。結城明泰氏作図）

は明確でないが鉱脈が所在することはわかる。

このほか結城明泰の研究によると、国東半島には金糞原や多々良、赤禿といった鉄生産にかかわる地名や、鉄滓を出土する地が多くある（図7）。

とくに、半島南部の杵築市狩宿の字金糞原は一五二〇（永正十七）年の「寛職知行宛行状」（足立悦雄文書）にみられ、十六世紀には地名として成立していたことがわかる。あるいは、豊後高田市草地地区の「カナクソノサカ」とよばれる地では、圃場整備事業にともなう発掘調査で大量の鉄滓と炭の層が検出され、地名と製鉄に関する遺物の対応を確認することができる。また、近年まで半島東部から南東部にかけての海岸部では砂鉄が採掘されたといい、現在も砂鉄の黒い層を確認することができ

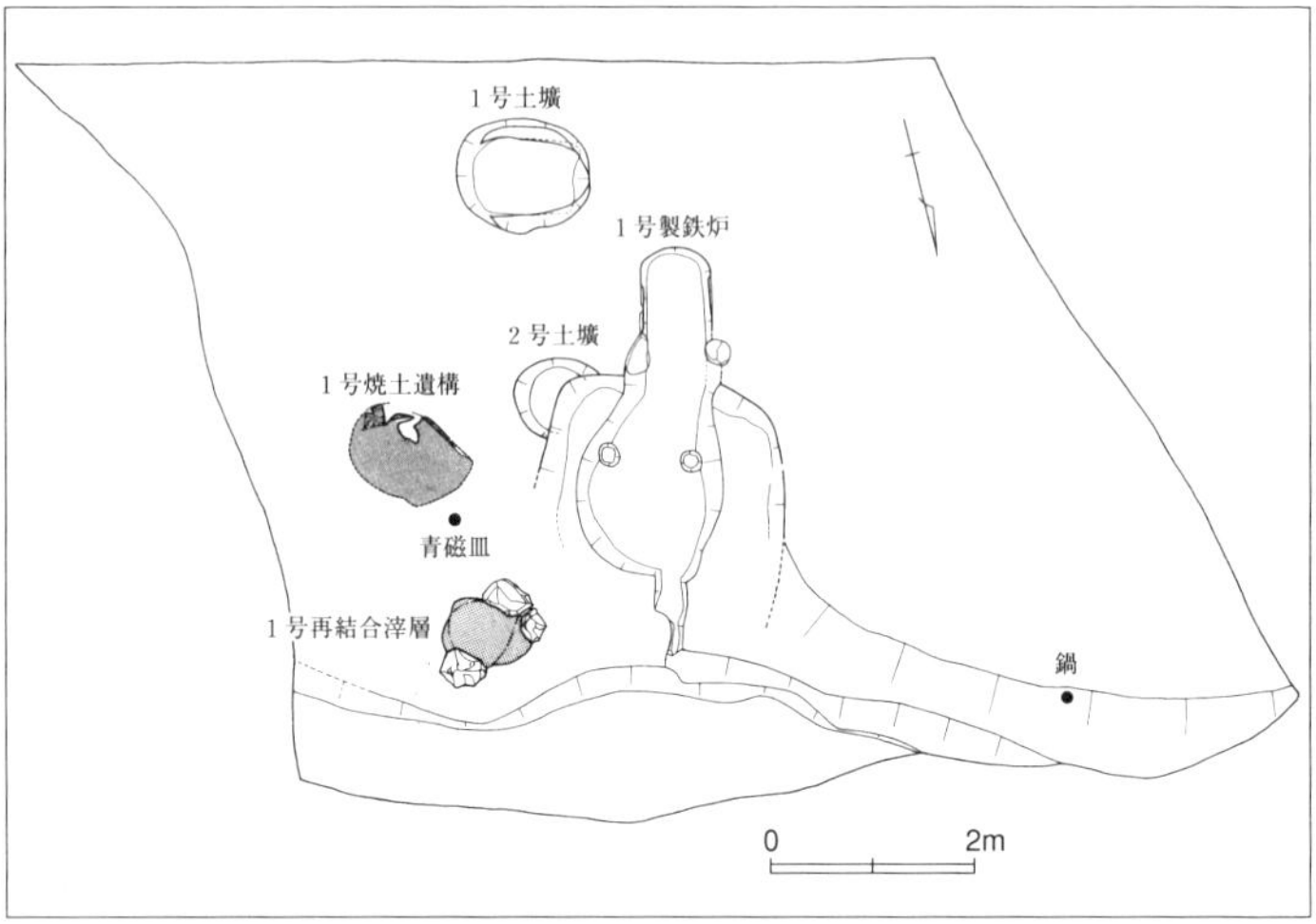

図8　由井ヶ迫遺跡遺構配置図

る。つまり、明確な製鉄遺跡となると、ほとんど発見されていないが、国東半島はほぼ全体が鉄生産の地であり、前で触れた諸田地区や夷地区などでの製鉄は決して特殊な事例ではないこともうかがえる。

　そのなかで、由井ヶ迫遺跡（国東町）は、半島で検出されている数少ない製鉄遺跡（図8）である。この遺跡は砂鉄が採取できる網井（国東町）の海岸から一キロほど山に入った地にあり、遺構年代は十二世紀後半〜十三世紀頃とされている。また、同じ国東町に属する田深川右岸の丘陵下部に立地する原第Ⅳ遺跡では、圃場整備にともなう調査によって十二〜十三世紀の製鉄用の竪炉跡が発見された。これらは精錬のみを行う小規模な製鉄遺跡であり、国東半島では製鉄から鉄器生産までを行う大規模な遺跡や製鉄遺跡と炭窯がセットで発見されておらず、半島における製鉄については不明な点が多い。

ところで、国東半島の地下資源としては金もあった。半島中央部に近い三畑地区（豊後高田市）の庄屋土谷家は、その縁起には相模国から金堀として同地に移った家といい、同家の記録には明治九年（一八七六）付で金山試掘願の控が残されている。その顚末は不明であるが、国東半島の付け根にあたる所には馬上《ばじょう》金山（杵築市）が明治時代まで操業しており、国東半島は金を産出する地としても認識されていたことがわかる。

以上のことをあらためてまとめておくと、かつての国東半島では現在のわれわれからは想像することがむずかしいくらい、さまざまな土地利用がみられ、多様な産物が生み出されていた。そして、木綿と鉄に代表されるこれらの産物は、一つには膨大な数の十五世紀以後の石造物を生み出す富をもたらすものではなかったかと考えられるのである。

3　海

（一）海をのぞむ古墳

国東半島を囲む海――瀬戸内海と豊後水道――はともに古くから重要な「海の道」であった。瀬戸内海については畿内と九州そして中国大陸や朝鮮半島とを結ぶ基幹交通路として知られているが、一方の豊後水道についても、近年下條信行らが明らかにしたように、弥生土器や青銅器の分布から西南四国と九州との間に活発な交流があった。奈良時代に設定された宇佐宮の封戸が、陸路では物資を輸送しにくい遠く離れた豊後国南部や日向国に分布すること、石井進が指摘したように鎌倉時代には北条得宗家が東九州の豊後水道沿いに所領を設定したことは、こうした前代からの豊

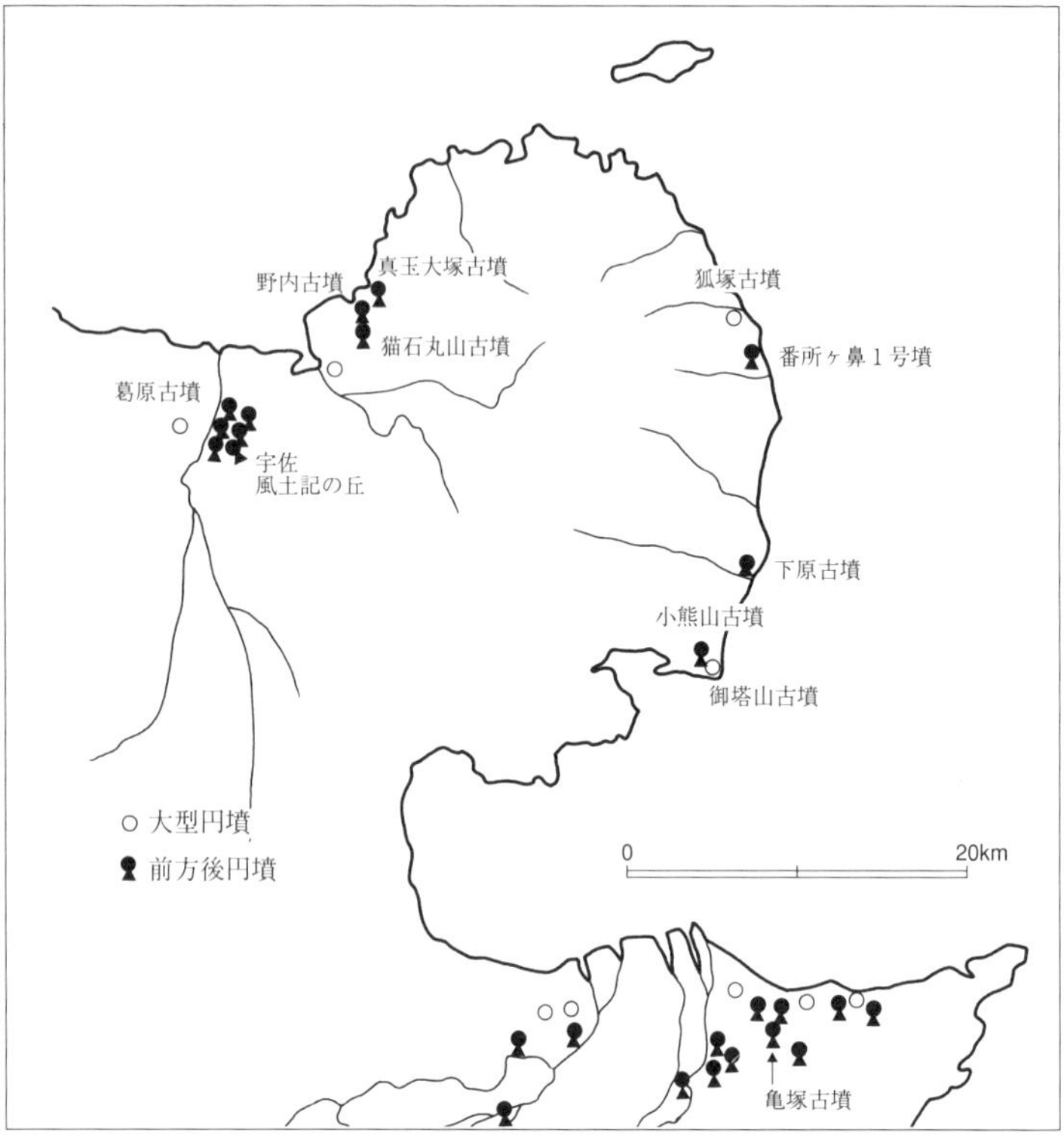

図９　前方後円墳・大型円墳分布図

後水道の海上交通をうけてのことであった。

そのため、瀬戸内海と豊後水道の結節点にあたる国東半島の歴史にとって、海が果たした役割は大きい。図９に示した古墳の分布は、そうした半島における海の重要性を端的に示すものといえる。つまり、国東半島では南西部に真玉大塚古墳、猫石丸山古墳（豊後高田市）など、南東部に御塔山《おとうやま》古墳・小熊山古墳（杵築市）や下原古墳（安岐町）などの首長墳があるが、これらはいずれも海にのぞむ地、言い換えれば海からの視線を意識した立地にある。このような国東半島の古墳のうち、最古の

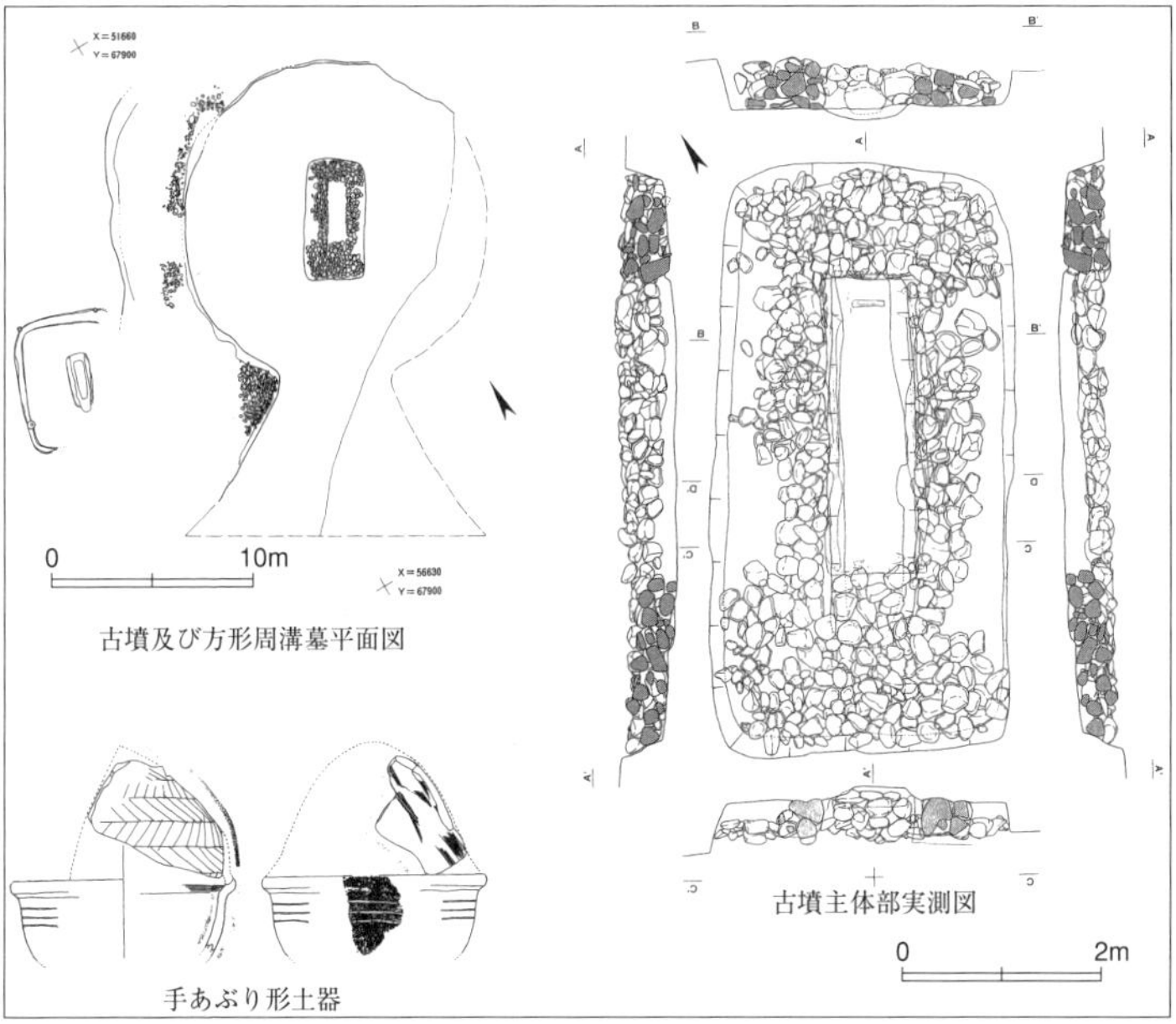

図10　下原古墳

年代を示すものとしては下原古墳がある（図10）。後世の安岐城築造によって破壊された部分も多いが、墳長二五メートル未満で前方部は短くバチ形に開く。三世紀代の築造とみられ、近畿地方で盛行し九州ではめずらしい手あぶり形土器が出土しており、畿内との関係が濃厚な古墳といえる。

　一方で、各谷の下流域には弥生時代以後の遺跡が立地し、古墳時代も後期になると下流域の丘陵や海岸に近い内陸部に小規模な横穴墓や古墳が築かれるようになる。このうち、丘陵に位置する横穴墓や古墳の多くは首長墳と同様に海をのぞむ位置にある。

　こうした大規模な首長墳をはじめとする遺跡の立地は、これらを生み出した集団が海上交易などをなりわいとする、いわば「海部の民」であったこと、そして谷の拠点が下流域にあり、それは本源的に津や浦としての機能を有したことを伝えるものと思われる。

たしかに、前述したように各谷では弥生時代以後下流域を中心に水田が開かれ、開発がすすんだ。しかし、国東半島はあふれるように山地が広がり、平地が限られていることをふまえると、陸地における人びとの営みのみが大規模な首長墳に象徴される富を生み出したわけではなく、そこには海がもたらす富の比重が少なくなかったと考えられる。そして、国東半島の谷の開発も、津や浦の設定という海とのつながりが基本にあったことを想定することができよう。国東半島に所在した弥勒寺領荘園が「浦部十五箇荘」とよばれたことは、このような海とのつながりが深い国東半島の歴史的特質を端的に物語るものといえる。

(二) 国東半島と海

国東半島のうち、豊後水道に面する半島東部は海上交通の要衝であった。律令制下で国東郡の郡衙が置かれたのは半島東部の田深川下流域であり、そこには津——国東津——が所在した。延暦十五年（七九六）十一月二十一日付の「太政官符」（『類聚三代格』巻第十六）からは、この国東津が坂門津（大分市）や草野津（福岡県行橋市）と並んで重要な港湾であり、とくに豊後水道を北上してくる豊後国・日向国からの「兵衛采女資源物」については、豊前国門司の機能を代替する津であったことがわかる。また、近年田深川河口部の飯塚遺跡では九世紀代のものとみられる木簡が多数発見されたが、そのなかには宇佐宮の所領である「武蔵里」と記したものや弥勒寺あるいは太宰府にかかわる木簡があり、国東津は国衙や太宰府あるいは宇佐宮が深く関与する重要な津であったことが確認された。こうした国東津が所在した国東郷は、中世を通じて国東半島で唯一の国領であったが、これは豊後国衙が、国東津を海上交通の重要な拠点として認識したためにほかならない。

南北朝の内乱以後、国東半島は、豊後国守護大友氏の一族である田原氏が、半島各地の荘園等の地頭職を手にし、これをテコとして支配を広げ、一方で、室町幕府の奉公人となり中央と直結する存在となり、田原氏はしだいに大友氏から独立する動きをとるようになった。こうして国東半島で支配を展開させるなかで、田原氏は国東津がある田深川下流域を本拠とした。本来、田原氏は半島の山間に位置する田原別符《たわらべふ》（杵築市）が本貫の地であったが、右で触れたように本拠を移動させたことは、海上交通の掌握と豊後国衙への影響を強めるためとみられる。

そして、いわゆる戦国の動乱のなかで、国東半島は瀬戸内海に突き出したその地理的条件から、大内・大友両氏の領国経営にとって重要な地となった。大内氏にとっては瀬戸内海西部の制海権の掌握のためにも、岐部氏などの水軍がいる国東半島を支配下に置くことが求められたし、大友氏にとっては本拠である府内と別府湾をはさんで位置し、海上交通の要衝である国東半島は欠くことのできない地といえる。そのなかで、鉄などの多様な産物と海上交通の掌握を果たした田原氏は、大友氏をおびやかす一大勢力となった。

ところで、こうした国東半島と海とのかかわりについて、漁業や交易あるいは製塩など、いわば海のくらしの具体的な様子となると、『国東郡村誌』によって十九世紀後半段階の概要を知ることはできるものの、とくに十六世紀以前についてはは不明な点が多い。

そのなかで、注目されるのは一六二二（元和八）年に完成した『小倉藩人畜改帳』（以下、『改帳』とよぶ）の記述である。『改帳』によると、半島の海岸部の村については「浦手」あるいは「加子分」と注記される地が多く、たとえば半島北東部の来浦村では「来浦村」と「浦手来浦村」、半島北部の岐部村では「岐部村」と「かこ分岐部村」というように記されている。ここでは、津や浦が別個に把握されていたことがわかり、年貢額の規準となる村高も浦手来浦は一一三石余、「かこ分」の岐部村は五三石余とかなり高い数値が記されている。もちろん、「浦手」あるいは「かこ分」と注記された村でも田畠の耕作など陸での営みがあったであろうが、田深川下流域の田深村（国東町）には「浦陸共ニ」という注記があることをふまえると、「浦手」などと注記がある村高は基本的に海からもたらされる富の量を反映したものとみなされる。つまり、『改帳』を作成した細川氏は、海からの富を把握するために、津や浦をいわば「陸の村」とは別に把握したのであろうし、ここにみられる津や浦の村高は、前述した田原氏の勢力拡大の経済的背景として端的に示されるとともに、中世を通じて展開した「海の開発」の成果を伝えている。

ところで、前述したように、二つの「海の道」に囲まれた国東半島のうち、とくに東部は湊に適した地に恵まれ、遠浅の海が広がる西部にくらべて船の着岸が容易であり、豊後水道にも面していることから、国東津が置かれたことに示されるとおり海上交通の要衝であった。すると、国東半島にもおおまかにいって東と西という地域差がみられるわけであり、このような地域差は前で触れた首長墳についても確認することができる。半島西部にくらべて東部では首長墳の出現時期が早く、よりマクロの視点でみたとき、田中裕介が指摘するようにこれらの古墳は別府湾をはさんだ対岸に位置する亀塚古墳など海部地域の古墳と一つのエリアをなす。一方、半島西部の古墳は宇佐風土記の丘に位置する赤塚古墳（図11）などの豊前南部の古墳と一つのエリアをなしている。こうした半島西部と周防灘沿岸、半島東部と別府湾沿岸というエリアは、宮内克己が示した弥生土器の分布にもみることができる。

図11　赤塚古墳

　このような弥生〜古墳時代の遺物・遺跡に示された地域差は、その後においても確認することができ、たとえば、中世の瓦器椀は半島の東と西とで異なる型式にあることが、半島南部の八坂川流域（杵築市）の調査を実施した後藤一重によって明らかにされている。こうした地域差について、ここでは充分に示すだけの余裕はないが、国東半島の歴史と文化をより具体的に追究する上で重要な視点と考えられる。中世の石造物、とくに国東塔や板碑については、県内最古銘や大型のものが半島東部に分布する。国東塔については、県内最古の弘安六年（一二八三）銘の岩戸寺国東塔（国東町、国重要文化財、図12）や高さ四メートル弱の長木《ちょうき》家《け》国東塔（国東町、国重要文化財）などが挙げられるし、板碑については一二九一（正応四）年の護聖寺板碑（安岐町、県指定文化財）や高さ三メートル余の鳴《なる》板碑（国東町、県指定文化財、図13）などがある。宝塔の系譜にある国東塔および板碑は、ともに都や関東からもたらされたものであり、前述した分布状況からすると、半島におけ

図13　鳴板碑

図12　岩戸寺国東塔

る国東塔や板碑の発生源は海上交通の要衝であった半島東部にあることを推測させる。そして、このような国東半島の東と西という地域差は、現在の習俗・行事などの分布区分にもほぼあてはまり、決して過去のものではないのである。

4　中世の開発と細川氏

一六〇〇（慶長五）年、国東半島および隣接する豊前国などの領主として細川氏が入部した。翌年、細川氏はまず在地支配に関する九カ条の「覚」（高田文書）、そして細川氏の検地理念を示した全二三カ条からなる「検地法度」（広崎文書）をだし、領内で検地を実行した。一六二二（元和八）年の『改帳』にみられる村高は、こうした細川氏による検地の成果を反映したものといえる。

ただ、この『改帳』にみられる国東半島の諸村の村高は、幕末〜明治期の村高の数値に近く、きわめて高い数値となっている。これはいかなる理由によるのだろうか。

詳細はなお明確でないところもあるが、注目されるのは細川氏の検地への姿勢である。たとえば、九カ条の「覚」をみると、第五条には桑と漆を付け立てること、第六条では夏に収穫されるあらゆる産物を把握することが明記されている。あるいは、「検地法度」では、山畑は付け分けること（第三条）、「かり畠」は別に帳面をつくること（第四条）、損害をうけた水田は、それが旱魃によるものか、洪水によるものかを書き分けること（第一〇条）、大唐米をつくる水田は注記をつけること（第一二条）などの規定がみられる。このような規定からすると、細川氏は土地の面積の把握とともに、土地利用の具体的な姿と陸地で生み出される多様な産物を可能な限り掌握しようとしたことがうかがえる。こうした細川氏の姿勢は、朝尾直弘が紹介した信濃国川中島藩などでも認められる姿勢であり、慶長・元和期という十七世紀初頭の大名に共通するものでもあったといえる。残念ながら、これらの史料は陸地にかかわる検地理念を伝えるもので、海の支配については史料上明確でない。しかし、前述したように『改帳』で津や浦が別個に把握されたことは、細川氏が海についても陸地と同様の姿勢をとったであろうことを示している。

これまで、平地部、山地そして海における人びとの営みについて眺めてきたが、いわば細川氏の検地は、中世を通じて展開してきた諸開発の成果を最大限に把握することを志向したのである。コメという点でみるならば、十七世紀初頭の国東半島は限られた平地部での開発状況からしても、その生産力は現況と大きく異なるものであった。それでも、『改帳』できわめて高い数値の村高が算出されたことは、コメ以上に鉄や木綿さらには海産物といった陸地や海で生み出される多様な産物と人びとの活動がもたらす富が半島各地に蓄積されていたことを示している。山間に千年余の昔からたたずむ六郷山寺院をはじめとする各寺院、あるいは「石の文化」というべき磨崖仏や多種多様な石造物は、信仰心とともに国東半島各地に蓄えられていた富をもとにするものであった。

なお、細川氏が示した地域支配の姿勢は、結果として宮崎克則が明らかにしたように「走り者」という百姓の逃亡を引き起こすこととなった。こうした地域の労働力の低下という状況を一因として、十七世紀半ばの『正保郷帳』では半島各村の村高が一律に下げられ、以後はこの下げられた数値の村高が基本となる。前で触れたように、『改帳』の数値に各村の村高が到達するのは、十九世紀前半の『天保郷帳』のことであった。言い換えれば、このような状況は十七世紀半ばからは各村に一定の富が保留されたことを意味するだろう。実際、半島における近世墓地などの調査成果によると、墓碑などの石造物には寛文年間（一六六一～一六七三）以前の年号を有するものはきわめて少ない。つまり、近世石造物の製作は十七世紀半ば以後各村に富が保留されるようになったことと軌を一にするかのように本格化するのである。このような点からすると、少なくとも国東半島では慶長・元和期は中世における諸開発の成果を確実に掌握しようとした、いわば中近世移行期の最終段階にあたり、それは十七世紀半ばに否定される形となり、ここに新たな社会システムが出発したといってもよい。

さて、二つの「海の道」の結節点にあり、海上交通の要衝であった国東半島は、近代以後の陸上交通の発展のなかで、いくつも谷が連続する地形のためその整備が遅れ、近代以後の諸開発から取り残される形となった。あるいは、水田とそこから収穫されるコメを重視する近世以後の施策によって、平地が少ない国東半島は経済的に豊かでない地というイメージでとらえられてきた。しかし、こうした国東半島へのまなざしは、とくに近代以後形成されたものであり、これまでみてきたように国東半島は「豊かな」経済基盤をもった地域だったのである。

Ⅲ　六郷山寺院

1　六郷山の歴史

(一) 成立以前――聖なるヤマと宇佐宮弥勒寺

急峻な岩山がそびえ、奇岩連なる国東半島の中央部、すなわち各谷の上流域には、成仏岩陰遺跡(国東町)など縄文時代の遺跡が確認されているが、それらはキャンプサイトとみられる遺跡であり、人びとがいつごろから定住したのかは定かでない。そのなかで、安岐川上流域の川沿いに立地する久末京徳《ひさすえきょうとく》遺跡(安岐町)では、八~九世紀代の掘立柱建物跡や土壙および緑釉陶器や塩壺などが発見され、建物がコの字型に配置されていることから、行政機能を兼ねた奈良時代の在地首長の居宅と想定される。この遺跡は奈良時代から上流域の開発が一定度進んでいたことを示すものといえるが、半島中央部一帯の開発は宇佐宮の神宮寺である弥勒寺の僧侶集団が大きな役割を果たした。

弥勒寺と国東半島とのかかわりについては、宇佐からみたとき、半島への入口となる、半島西部に所在する遺跡が注目される。一つは、周防灘に

図14　字薬恩寺出土の古瓦

注ぐ桂川中流域の豊後高田市来縄《くなわ》にある智恩寺である。この智恩寺については後で詳しく触れるが、大分県立宇佐風土記の丘歴史民俗資料館（現大分県立歴史博物館、以下、大分県博という標記で統一する）の調査によって弥勒寺出土の軒丸瓦と類似する九世紀代の瓦が出土している（後掲の図52）。現在、智恩寺は無住寺院であるが、九世紀代には瓦葺の建物がある寺院であったことがわかる。さらに、智恩寺の南西にある字薬恩寺（ヤコージ）からも古瓦が出土している（図14）が、この地は薬恩寺の名からも寺院があったとみられる。一三一三（正和二）年に完成した『八幡宇佐宮御託宣集』（以下、『託宣集』と略記する）の巻五には、

　法蓮和尚は山本において虚空蔵菩薩を崇め奉り、華厳は郡瀬法鏡寺なりにおいて如意輪菩薩を崇め奉り、覚満は来縄郷において薬王菩薩を崇め奉り、躰能は六郷山において薬師如来を崇め奉る。（原漢文）

という記述がある。ここに記された僧侶は八幡神に従った者ともいわれ、なかでも法蓮《ほうれん》は『続日本紀』にその名をみることができる実在の人物である。法蓮は奈良時代に建てられた宇佐宮弥勒寺の初代別当、あるいは放生会の創始者とされ、宇佐宮の歴史にとって重要な人物である。彼とともに名前のみえる覚満が実在の人物かは不詳であるが、彼は来縄郷に薬王菩薩を祀ったという。たしかに、『託宣集』は後の時代の編纂物であるが、こうした記述は薬恩寺の地に薬王菩薩を祀る寺院

があったことを示すものと考えられる。

さて、この薬恩寺出土の古瓦は、焼成された場所が明らかになっている。薬恩寺から丘陵を隔てた南東の地に字カワラガマがあり、ここからは小字名のとおり瓦窯跡が検出されている。それは九州にめずらしい平窯（図15）で、薬恩寺の瓦と同笵の軒丸瓦が出土している。また、このカワラガマ遺跡からは弥勒寺の軒平瓦と酷似する瓦が出土している（図16）。つまり、智恩寺・薬恩寺そしてカワラガマ遺跡は、弥勒寺となんらかの関係を

図15　カワラガマ遺跡

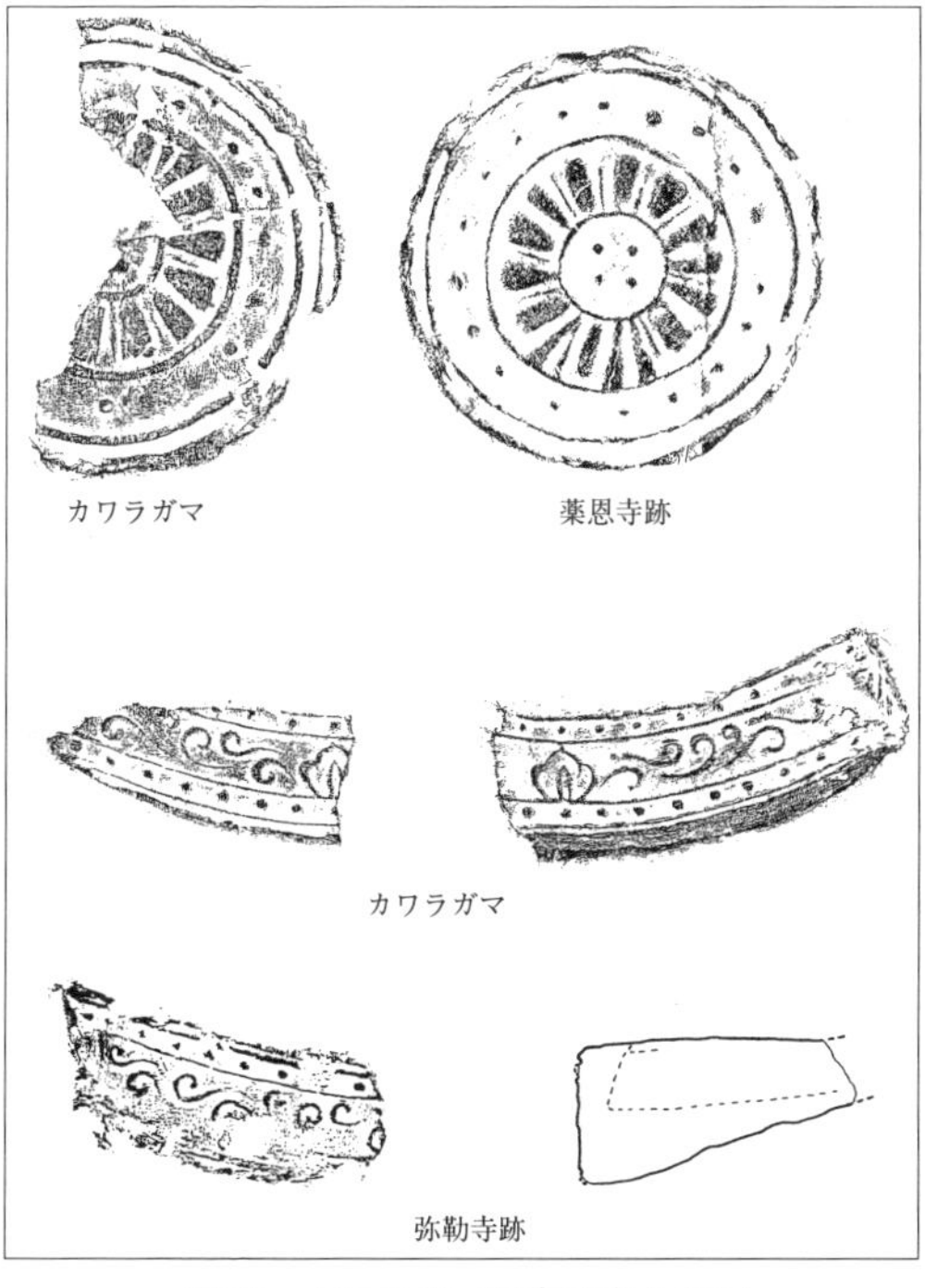

図16　カワラガマ瓦窯跡出土の瓦

有する遺跡であり、少なくとも九世紀代には半島西部に弥勒寺の勢力が進出していたことがわかる。それでは、弥勒寺にとって国東半島はどのような存在だったのだろうか。

天長七年（八三〇）七月十一日付の「太政官符」（『類聚三代格』巻第二）で、弥勒寺講師の光恵はいう。弥勒寺僧侶は宇佐宮の神戸から毎年一人が得度することになっていたが、近年宮司の情実によって選ばれた者は経典もまともに読めない者がいる。こうした事態を解消するために、「神山」もしくは弥勒寺で三年以上修行し、仏につかえる者として心身鍛え上げられた者に得度を許すようにと。

ここで注目されるのは、「神山」という言葉である。具体的に、この神山がどの地を指すのかは詳らかでないが、宇佐周辺の信仰の対象となっていた山々を意味することは間違いない。薗田香融が明らかにしたように、奈良時代の仏教はいわゆる山林修行を重視し、官寺の僧侶も「白月には山に入り、黒月には寺にある」といわれた修行形態であった。あるいは、近年上原真人が論じたように、近畿地方の国分寺を中心に瓦の同笵関係などから、八～九世紀代に平地寺院と山林寺院との間にネットワークが形成されていたことからすると、宇佐周辺に山林寺院もしくは山林修行の場が分布したことがうかがえるのである。たとえば、宇佐宮の奥の院とされる御許山《おもとさん》や塑造三尊仏（国重要文化財）を今に伝えた天福寺奥の院（宇佐市）などは、そうした山林修行の地であったとみられる。智恩寺や薬恩寺は谷の沖積地をのぞむ丘陵上に立地しており、厳密にいえば山林寺院とはいい難いが、奇岩が連なり岩山がそびえる国東半島への入口にこれらの遺跡が所在することはやはり注目される。それに来縄郷の東にそびえる西叡山には、のちに六郷山寺院とされた高山寺が所在した。その故地は明確でないが、大分県博の調査によって山の頂上に近い北西斜面からは九世紀代の土器が採集されている（図17）。こうした点から、西別府元日がいうように、弥勒寺講師光恵のいう神山に国東半島西部の山々が含まれていたことは否定できないだろう。

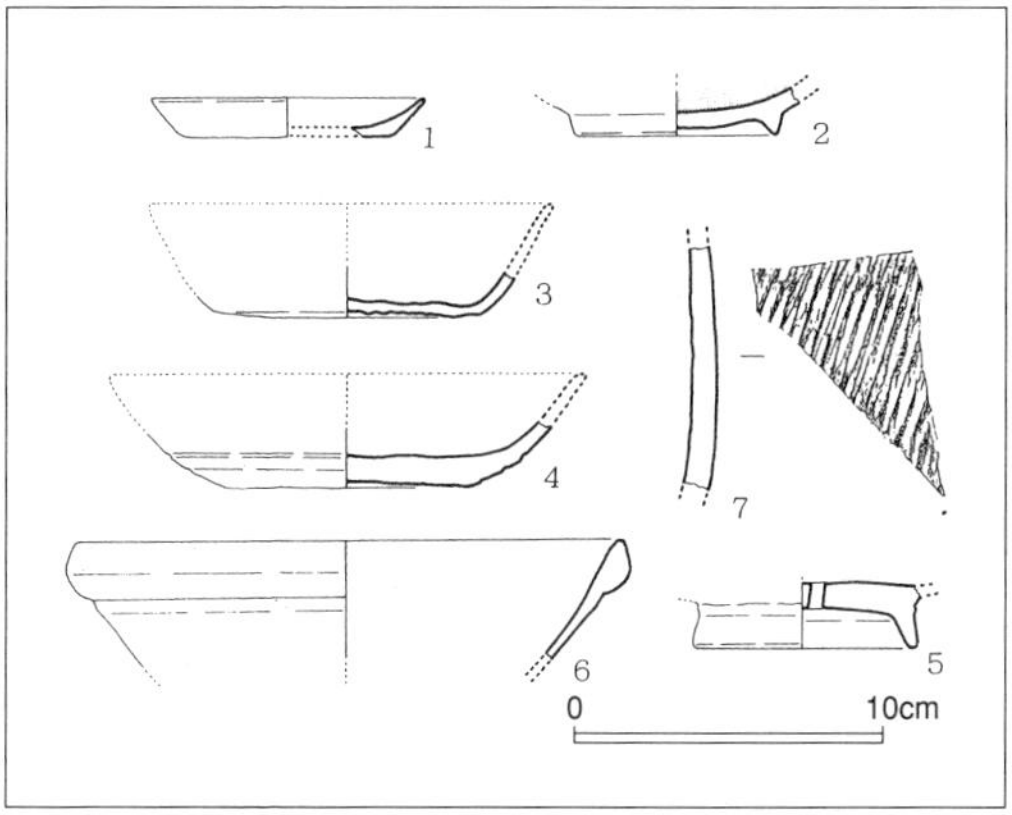

図 17　西叡山採集資料（1・3〜5：土師器、2：内黒土器、6：白磁、7：須恵器）

　ちなみに、『託宣集』巻一一には、八五五（斉衡二）年に宇佐宮神職の一族である宇佐氏出身の能行が、津波戸山《つわどさん》（杵築市）で人聞菩薩から国東半島の峰々を巡る二つの道を示されたという話が載せられている。ここで注目されることは、右の話が九世紀代のこととして語られていることである。前でみたように、智恩寺や薬恩寺の存在や西叡山採集の土器の年代などをふまえたとき、九世紀代に国東半島における弥勒寺僧の活動が展開したことがうかがえる。ただ、当時の弥勒寺僧の修行の場がいかなるものであったのかは具体的に明らかでないが、急峻な崖にうがたれた岩窟などが修行の場とされたとみられる。

　国東半島では、十〜十一世紀になって、そうした修行の場などに寺院というべきものが成立した

図18　木造観音菩薩像

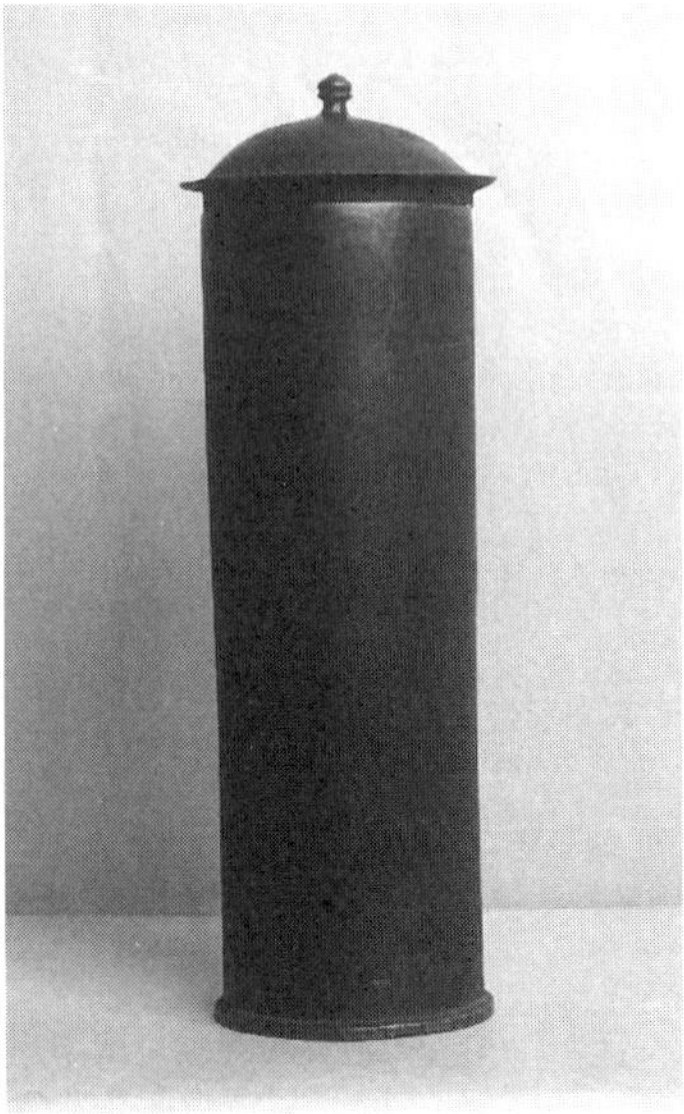

図19　津波戸山出土の経筒

とみられる。現在、豊後高田市内野に安置される木造観音菩薩立像（県指定文化財、図18）は十世紀代の作で、かつては西叡山にあったと伝えられる。あるいは、万徳寺（国見町）の木造如来立像（県指定文化財）、応暦寺（豊後高田市）の木造不動明王坐像（県指定文化財）など、十一世紀の作とみられる仏像が国東半島の上流域に点在しており、これらの仏像を安置するような施設がこの時期に各地で誕生したことは間違いない。こうした動きは十二世紀にもみられ、永久五年（一一一七）の銘がある西明寺（杵築市）の木造毘沙門天立像（県指定文化財）をはじめ、岩戸寺（国東町）の木造薬師如来坐像（県指定文化財）

や天念寺（豊後高田市）の木造阿弥陀如来立像（国重要文化財）などは十二世紀初めの作であり、各地に寺院といえるものが所在したことがわかる。これまで述べてきたように、国東半島では弥勒寺僧の活動が確認できるわけだが、文殊仙寺（国東町）は役小角が開いたという縁起があることから、自然がおりなす神秘的な岩山の地を崇め、修行の場さらには寺院を生み出したのは弥勒寺僧たちだけではなかったことがわかる。

なお、十一世紀代、国東半島をはじめとする北部九州では天台宗が勢力を広げた。飯沼賢司によれば、これは末法思想にともなう、白河天皇による宝塔建立の事業によるもので、弥勒寺でも新宝塔院が建立され、これを契機に宇佐宮自体と天台との関係が強まったという。国東半島でも、一〇八三（永保三）年に津波戸山に経塚がつくられ、この事業には弥勒寺の僧侶や宇佐宮大宮司などが参加したことが経筒銘文から知ることができる（図19）。

（二）六郷山の成立

さて、一六〇七（慶長十二）年頃に作成された『六郷山年代記』（長安寺蔵）によれば、一一一三（永久元）年に六郷山ははじめて天台宗の傘下に入り、一一二〇（保安元）年に六郷山が延暦寺に寄進されたとある。つまり、宇佐に近い国東半島西部を中心とする弥勒寺僧の修行の場――元来なんらかの信仰の場であったところが多かったとみられる――は、十二世紀初頭に天台宗の六郷山として、宇佐宮・弥勒寺から自立したのである。なお、こうした六郷山成立の契機としては、前で述べた宇佐宮と天台との結び付きが大きな要素として挙げられよう。

ところで、六郷山という名称は十二世紀前半の

図20　長安寺の銅板法華経筥板

成立段階につけられた名称と考えられ、これは実在する山の名称ではない、いわば理念的な名称である。ここでいう六郷とは、律令制下に国東半島に置かれた六つの郷——来縄・田染・伊美・国東・武蔵・安岐——を指し、六郷山という言葉には国東半島全域という意味がある。ちなみに、六郷満山というよび方があるが、これは六郷山に属する各寺院（以下、六郷山寺院とよぶ）の僧侶が自らをよぶときに使う言葉といわれ、平安時代などの史料でもこうした傾向をみることができる。

こうした六郷山の寺院はおしなべて養老年間（七一七〜一二三）に人聞《にんもん》（後に仁聞と標記される ようになる、以下は仁聞で標記を統一する）菩薩が開いたと伝えられる。『託宣集』巻一一には、「豊後国六郷山は、昔八幡薩埵、人聞菩薩として久修練行の峯なり」（原漢文）とあり、仁聞は八幡神の化身とされている。このように六郷山の開基を八幡神の化身とすることは、六郷山が宇佐宮・弥勒寺の影響下にあったことを端的に伝えている。

経塚造営は、六郷山成立後も引きつづいて行われた。たとえば、一一一七（永久五）年には高山で法華経が埋納されているし、一一四一（保延七）年には六郷山の中核寺院である長安寺に銅板法華経（図20）が納められている。なかでも、長安寺の銅板法華経は、同タイプのものが彦山《ひこさん》や求菩提山《くぼてさん》（ともに福岡県）に埋められ、いずれも宇佐宮御馬所検校であった紀重永が製作している。これらの遺品には天台僧の名があり、国東半島の経塚造営は、同時期に北部九州で展開した天台影響にもとづく経塚造営の一環であったことがわかる。また、銅板法華経の製作に宇佐宮神職らがかかわっていることは、宇佐宮・弥勒寺から自立したものの、六郷山は依然としてその影響下にあったことも伝えている。

（三）「大魔所」の開発――六郷山寺院と地域開発

さて、六郷山の成立は、各地の寺院の整備とともに、これらの寺院が所在する地域の開発を促すことになった。一一三五（長承四）年の「夷住僧行源解状案」（余瀬文書）は、そうした六郷山寺院の僧侶による開発の姿をよく伝えている。

彼の石屋の砌は、本は大魔所にして大小樹林繁り、人跡絶えるところなり、しかるに行源先年の比を以て、始めて件の石屋に罷り籠もる間、ときどき微力を励まして在る所の樹木を切り掃い、石・木の根を掘り却け、田畠を開発の後、今日に至るまでまったく他の妨げなく、耕作し来るところなり、これにより所当の地利においては偏に毎年の修正月の勤を致し、残る物を以て己の身命を助け、すでに年序を経るなり。（原漢文）

つまり、夷岩屋（豊後高田市）の僧行源は「大魔所」を切り開いて田畠を開発し、そこから得る収穫物を寺の法会や生活の糧としたというのである。ちなみに、六郷山の中核寺院であった屋山寺の院主応仁が残した史料には「当山は、もと天魔之楼として、人民通りがたき（原漢文）」（道脇寺文書）とある。これら「大魔所」あるいは「天魔之楼」という言葉は、ヤマは未開の地であり、容易に誰もが開発の手を入れることができないという当時の人びとの意識を端的に表現した言葉といえる。まさに、国東のヤマは人力が及ばない場所であり、そうした地を開いたのは、仏につかえた僧侶たちだったのである。

　このような六郷山寺院の僧侶によって開発された地は、後に「払《はらい》」という独特の単位によって編成された。たとえば、行源が居住した夷地区をみると、払の故地は一つの井堰あるいは山から小さな枝谷を降りてくる湧水によって灌漑される、水利上完結した地であった。その多くは小規模なもので、これに対応するように夷地区では小さな井堰が連続する。

　前述したように、六郷山と宇佐宮・弥勒寺は密接な関係にあったわけだが、具体的に地域のなかでみたとき、六郷山に属する寺院と荘園とはどのような関係にあったのだろうか。この課題に対して、一つのモデルとなるものが先に触れた夷岩屋と香々地荘の関係である。

　国東半島の荘園は海岸部や盆地といった平地部に拠点があったことは先に述べたとおりであるが、夷岩屋が位置する竹田川流域では、海岸部を中心に弥勒寺領香々地荘が、上流部に夷岩屋が所在した（後掲の図45参照）。ただし、この竹田川流域の上流部はすべて夷岩屋の所領というわけではなく、最上流部の狩場地区は香々地荘の鎮守別宮社の氏子で、隣接する夷岩屋が所在した夷地区とは祭礼行事などにおいてかかわりがなかったという。いわば、荘園の鎮守の氏子が飛び地の形で竹田川中下流部と最上流部に分布しており、狩場地区の檀那寺も山を隔てた南に位置する豊後高田市小河内地区の岩仲寺である。

一方で、諸史料をみると、夷岩屋の領域の最下流部にあたる長小野地区は荘園における税の徴収単位である名によって編成されており、六郷山寺院に独特の払という編成単位はみられない。実際、「香地荘内除分宇佐神領注文案」（余瀬文書）には、「四町八段長小野除之」という記載があり、本来は香々地荘であった長小野の地は「除分」として六郷山領となったことがわかる。

すると、まず狩場地区が香々地荘と結びつきを有したことからして、海岸部などの平地部——サト——を拠点とした荘園は、谷の上流域などに広がるヤマもエリアとされたことがうかがえる。ただし、ヤマは俗人の手が及び難い聖なる地であることから、荘園勢力にとってはいわば空閑地とされ、その開発は先の行源が語ったように小規模ではあっても修行する僧侶たちによって行われた。

しかし、後述するように十三世紀前半の六郷山自立のなかで、荘園と六郷山に属する寺院の領域が明確に線引きされ確立したことによって、荘園から六郷山領が析出する形で生み出され、そのなかで長小野地区のように香々地荘から夷岩屋領へという所領の移動も行われたと考えられる。さらに憶測するならば、長小野地区の夷岩屋領への編入は、狩場地区を香々地荘の領域に残すことと関連があったのかもしれない。なお、六郷山寺院の所領でありながら、長小野地区のように名という単位で編成された地としては両子寺《ふたごじ》（安岐町）領の徳代名などがある。このような状況から、六郷山領への所領の移動は実際には各地で存在したとも推測されるのである。

以上のような点からすると、六郷山寺院はもともと荘園内の寺院ということができ、六郷山寺院は荘園と深い結びつきがあったことが知られる。

実際、屋山長安寺と隣接する都甲荘内には「ヤヤマダ」という長安寺の免田の故地とみられる字があり、六郷山寺院は経済面でも荘園に依存していたことがうかがえる。

(四) 六郷山の展開

さて、六郷山については、リストというべき史料がいくつか残されている。このうち、最も古いものは一一六八(仁安三)年のものであるが、これは記載内容から中世末~近世にかけて製作されたものであることが明らかとなった。そのため、安貞二年(一二二三)の年号が記される「六郷山諸勤行并諸堂役祭等目録写」(長安寺蔵、以下、安貞目録という)が最も古いリストといえる。次に注目されるのが、各寺の領域を記した建武四年(一三三七)の「六郷山本中末寺次第并四至等注文案」(永弘文書、以下、建武注文という)である。そして、近世のものとして「六郷山本紀廿八山本末之記」(両子寺蔵、以下、本末之記という)がある。

これら三つの史料にある寺院名を一覧にしたものが表1である。そして、図21はこれらの史料にある寺院を地図におとしたものだが、まず表1をみると、六郷山に属する寺院が時代を経るにつれて多くなることがわかる。六郷山は長安寺を中核寺院(惣山)とし、十二世紀代に宇佐を起点として、近いところから本山・中山・末山という三つのグループで寺院を編成したとみられるが、「安貞目録」と「建武注文」を比較すると、前者では末山に属する寺院は少ないが、後者になると中山と末山との間で再編が行われ、末山とされる寺院が増加していることが確認できる。

次に、図21を参照すると、「安貞目録」にある寺院は半島西部を中心とし、新たに六郷山に属す

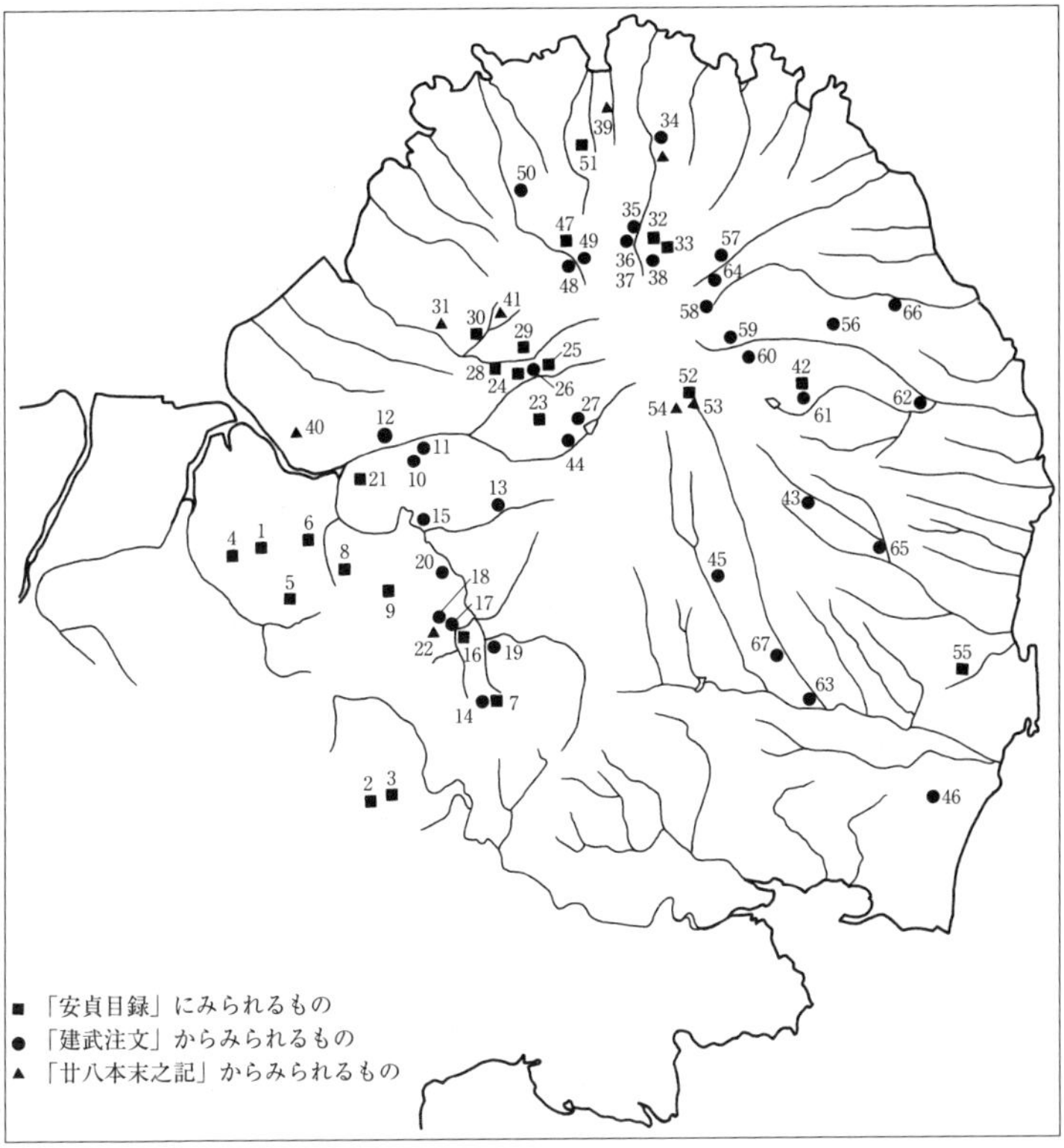

図21　六郷山寺院分布図（図中の番号は表1にしたがっている。所在地不明のものは除いた）

るようになった寺院は概して東国東に多いことがわかる。また、各寺院の名称も、「安貞目録」に記された寺院は、智恩寺や高山寺といった九世紀代に存在が確認できるものや屋山寺など拠点となったものなどを除くと、基本的に「〜岩屋」あるいは「〜山」とよばれており、こうした状況は本来六郷山が岩窟などに設けられた弥勒寺の修行の場から出発した寺院集団であることをよく物語っている。

一方で、「建武注文」にはじめて登場するものは「〜寺」とよばれるものが多く、

			末　山				
廿八本末之記	現在		安貞目録	建武注文	廿八本末之記	現在	
金剛山長安寺	長安寺	23	両子仙	両子山(中山へ)	足曳山両子寺	両子寺	52
長岩屋天念寺	天念寺	24			大満房	廃　絶	53
龍門岩屋	龍門岩屋	25			付属寺	不　明	
小両子岩屋	小両子岩屋	26			走水観音	走水観音	54
	三島社	27	小城寺	小城山	小城山宝命寺	宝命寺	55
黒土山本松坊	不　明			見　地	見地山東光寺	廃　絶	56
	福真磨崖仏	28		岩戸寺	石立山岩戸寺	岩戸寺	57
小岩屋山無動寺	無動寺	29		文殊仙寺	峨眉山文殊仙寺	文殊仙寺	58
赤松山	不　明			成仏寺	龍下山成仏寺	成仏寺	59
間簾岩屋	不　明			虚空蔵寺	虚空蔵寺	廃　絶	60
后岩屋	不　明			行入寺	参社山行入寺	行入寺	61
石堂岩屋	不　明			浄土寺	浄土寺	廃　絶	62
薬師堂	不　明			懸樋山	懸樋山西厳寺	廃　絶	63
大岩屋山応暦寺	応暦寺	30		※興岩屋	輿岩屋	不　明	
唐渓山弥勒寺	弥勒寺	31		※経岩屋	経岩屋	不　明	
補陀落山千燈寺	千燈寺	32		※三十仏	三十仏岩屋	三十仏	64
五之岩屋	五辻岩屋	33		※西裏岩屋	西裏岩屋	不　明	
平等寺	平等寺(無住)	34		※師子岩屋	獅子岩屋	不　明	
尻付岩屋	尻付岩屋	35		※毘沙門岩屋	毘沙門岩屋	不　明	
小不動岩屋	小不動岩屋	36		※赤子岩屋	赤子岩屋	不　明	
大不動岩屋	大不動岩屋	37		※報恩寺	金剛山報恩寺	報恩寺	65
普賢岩屋	普賢岩屋	38		※上品寺	上品寺	不　明	
	不　明			※貴福寺	貴福寺	不　明	
	不　明			※吉祥寺	吉祥寺	吉祥寺(無住)	66
調子岩屋	不　明			※西　山		不　明	
瀧本岩屋	不　明				杉山瑠璃光寺	瑠璃光寺	67
真覚寺	廃　絶				帝釈天堂	不　明	
吉水山万福寺	万福寺(曹洞宗)	39					
多福院	多福院(曹洞宗)	40					
毘沙門多宝院	多宝院	41					
大嶽山神宮寺	神宮寺	42					
丸小野寺	丸小野寺	43					
加礼川山道脇寺	道脇寺観音堂	44					
久松山護国寺	護聖寺(曹洞宗)	45					
横城山東光寺	東光寺	46					
夷山霊仙寺	霊仙寺	47					
今夷岩屋	今夷社	48					
焼尾岩屋	焼尾阿弥陀堂	49					
願成寺	廃　絶	50					
西方山清浄光寺	清浄光寺	51					
宇和堂観音	不　明						
毘沙門堂	不　明						
峯之観音	不　明						
玉井山光明寺	廃　絶						

表1　史料にみる六郷山寺院

本　山					中　山	
安貞目録	建武注文	廿八本末之記	現在		安貞目録	建武注文
後山石屋	**後　山**	**後山金剛寺**	廃　絶	1	屋山寺	**屋　山**
辻小野寺	辻小野寺	辻小野山西明寺	西明寺（無住）	2	長岩屋	**長岩屋山**
大谷寺	大谷寺	小渓山大谷寺	小谷観音堂	3	龍門石屋	龍　門
	河　辺	河辺ノ岩屋	不　明			小両子岩屋
吉水寺	**吉水山**	**吉水山霊亀寺**	吉水神社	4	虚空蔵石屋	
津波戸石屋	**津波戸山**	**津波戸山水月寺**	廃　絶	5	黒土岩屋	**黒　土**
大折山	**大折山**	**大折山報恩寺**	報恩寺（黄檗宗）	6	四王岩屋	
伊多井社	伊多伊	伊多井妙見	不　明		小岩屋山	**小岩屋**
間戸石屋	間戸寺	西蓮山間戸寺	不　明			赤松岩屋
大日石屋	大日岩屋	大日ノ岩屋	熊野磨崖仏	7		間簾岩屋
鞍懸石屋	**鞍懸山**	**鞍懸山神宮寺**	廃　絶	8		后岩屋
	中津尾岩屋	中津尾山観音寺	不　明			※石堂岩屋
	轆轤岩屋	轆轤山正光寺	不　明			※薬師堂
	最勝岩屋	最勝岩屋	不　明		大岩屋	**大岩屋**
高山寺	**高　山**	**西叡山高山寺**	不　明	9		
	鼻津岩屋	鼻津岩屋	鼻津岩屋	10	千燈岩屋	**千燈山**
	普賢岩屋	普賢岩屋	堀岩屋	11	五岩屋	五岩屋
	妙覚寺	妙覚寺	妙覚寺（曹洞宗）	12		平等寺
	蕗　寺	蓮花山富貴寺	富貴寺	13		尻付岩屋
	来迎寺	海見山来迎寺	不　明			小不動岩屋
	※光明寺	光明寺	不　明			大不動岩屋
	※今熊野寺	今熊山胎蔵寺	胎蔵寺	14		普賢岩屋
	※清瀧寺	清瀧寺	清瀧寺（無住）	15	岩殿岩屋	
		文伝寺	不　明		枕岩屋	
喜久山	**馬城寺**	**馬城山伝乗寺**	真木大堂	16	銚子岩屋	調子岩屋
	良医岩屋	良医山西山寺	不　明		瀧本岩屋	瀧本岩屋
	朝日岩屋	朝日岩屋	朝日岩屋	17		
	夕日岩屋	夕日岩屋	夕日岩屋	18		
	聞山岩屋	菊山御堂	不　明			
	稲積岩屋	稲積山慈恩寺	慈恩寺（臨済宗）	19		
	日野岩屋	日野山岩脇寺	岩脇寺（無住）	20	大嶽寺社	**大嶽山**
	鳥目岩屋	鳥目山愛敬寺	不　明			**丸小野寺**
不動石屋			熊野磨崖仏	7		**加礼河**
知恩寺	**知恩寺**	**良薬山智恩寺**	智恩寺（無住）	21		**久　松**
		宝寿房	廃絶	22		**横城山**
		随求房	不　明		夷石屋	**夷山（末山へ）**
		花井岩屋	不　明			今　夷
		払地蔵	不　明			焼尾岩屋
		五仏岩屋	不　明			願成寺
		上御門	不　明		西方寺	**清浄光寺（末山へ）**
		中御門	不　明			
		下御門	不　明			

※安貞目録：六郷山諸勤行并諸堂役祭等目録写（長安寺蔵）

建武注文：六郷山本中末寺次第并四至等注文案（永弘文書）

廿八本末之記：六郷山本紀廿八山本末之記（両子寺蔵）

※表中のゴチックは本寺とされたもの、また※印をつけたものは本寺が不明なもの。

そこには、壁画で有名な富貴寺や弘安六年（一二八三）銘の国東塔がある岩戸寺など、「安貞目録」作成時に所在した寺院が含まれる。これらには二つのタイプがある。一つは、「荘園の寺」というべき、半島各地の荘園内に所在した寺院――富貴寺や瑠璃光寺など――であり、いま一つは、半島の山間にあり、その立地条件から「～岩屋」や「～山」と称されるべきもの――岩戸寺や成仏寺など――だが、基本的に「～寺」とよばれるものである。このような名称の違いは六郷山寺院としての歴史の新旧を示すものといえるが、たとえば富貴寺は宇佐宮神職が建立した寺院であり、文殊仙寺は前述したように役小角を開基としていることなどから、新たに六郷山とされた寺々は、本来の六郷山寺院と建立主体が異なることがうかがえる。現在、六郷山寺院は直径四〇キロ弱の国東半島全域に密集する形で分布するが、こうした状況は当初からのものではなく、鎌倉時代以後に形成されたものであった。

さて、このような六郷山とされる寺院の拡大がみられた鎌倉時代は、六郷山の歴史にとって大きな画期となる時代である。治承・寿永の内乱で宇佐宮が平家方についたことや、鎌倉時代になって各荘園に御家人が地頭として入ったことで、宇佐宮や弥勒寺の勢力が後退した。そのなかで、網野善彦が明らかにしたように六郷山は一二二八（安貞二）年に関東祈祷所となっており、前述した「安貞目録」はこの関東祈祷所となったときに六郷山の状況を記したものといえる。そして、関東祈祷所となった六郷山では、蒙古襲来の際には異国降伏の祈祷が行われた。

こうした六郷山の宇佐宮・弥勒寺からの政治的な自立のなかでは、前述したような領域の確立あるいは支配体制の変革が行われ、このうち支配体制の変革については従来の惣山屋山寺（長安寺）を中心とした僧侶らによる合議体制から、本山・中山・末山の三山体制の整備とともに六郷山執行という全体を統括する職の設置と上意下達の命令系統が生まれ、比叡山の支配が強まったと考えられる。

六郷山寺院の増加はこのような時代にみられる状況であるが、残念ながらその要因を明示する資料はない。ただ、六郷山の各寺院あるいは荘園の寺にしても、多くは荘園の庄官である宇佐宮の神職などや在地の有力者と密接に結びついた存在であったが、前述したような宇佐宮・弥勒寺勢力の後退によって、半島各地の寺々では地頭らによって領地が押領されるようになった。たとえば、富貴寺は同寺が所在する糸永名の地頭曾禰崎氏とかかわりのある調氏《つきし》の押領にあったことが知られるし、岩戸寺は来浦地頭職の伊勢氏（鎌倉幕府政所執事二階堂氏の一族とみられる）に押領されたことが「建武注文」からわかる。このような状態を解決するため、荘園の寺などは一個の自立した寺院集団である六郷山に加わるようになったと考えられるのである。

（五）中世から近世の六郷山

十四世紀後半になると、廃絶する六郷山寺院が生まれてくる。これは地頭らの押領によって寺院経営がたちゆかなくなったことが要因の一つとみられるが、さらに十五世紀になると、豊後国守護大友氏による税の賦課によって六郷山から離山する僧侶も出てきた。高山寺（豊後高田市）や後山（宇佐市）などの集落から離れた地の寺院が廃絶したのはこの時期のこととみられる。

そのなかで、南北朝時代以後国東半島の支配を強めた田原氏の一族である吉弘氏が、一四三七

（永享九）年に都甲荘（豊後高田市）に所領を与えられ、同氏はやがて六郷山執行職を得て、六郷山の運営を行うようになった。このことは一面で六郷山の支配体制を強化することにもなり、六郷山の存続にプラスの要素を生むこととなった。その後、戦国の動乱のなかで、千燈寺《せんとうじ》（国見町）は大友宗麟の焼き討ちにあったと伝えられるように、六郷山の各寺院は衰退した。

そして、江戸幕府の成立とともに新しい社会システムのなかで、六郷山寺院は領主でなくなり、寺領であった周辺のムラと切り離された。杵築藩松平氏の菩提寺となった両子寺（安岐町）を除くと、領主からわずかな俸禄を得る山間の寺院となったのである。また、国東半島は東部が杵築藩、北西部が延岡藩領、南西部が島原藩領などと分断される形となり、六郷山という集団自体も衰退した。

しかし、十七世紀半ばになると六郷山の各寺院で復興が始まり、建物や什物などの整備が行われた。このような寺院の復興は、無動寺《むどうじ》や霊仙寺《れいせんじ》（ともに豊後高田市）が澄慶によって復興されたように僧侶が中心になるものと、報恩寺（武蔵町）や岩脇寺（豊後高田市）のように在地の庄屋などが中心になったものがある。とくに、後者の場合初期の住職墓地が復興の中心となった庄屋などの墓地と混在する形をとっている。

そして、十七世紀後半～十八世紀になると、各寺の整備復興をうけて、六郷山という集団を再編しアピールする動きがみられるようになる。たとえば、国東半島各地の仏堂や社なども六郷山にかかわる「霊場」とされたが、これは六郷山が半島全体に広がるグループであることを強調するための動きとみられる。また、現在もつづく「峯入り」（図22）は半島各地を巡るものだが、これは右で触れた霊場整備をもとに六郷山をアピールするために始まった行事と考えられる。たしかに、中世から回峯行は僧侶個人で行われており、「安貞目録」にも仁聞の旧跡を巡ることが修行の一環とされている。しかし、近世に始まる「峯入り」は六郷山寺院の僧侶たちが集団で行い、各地で大般若経の転読や祈祷を行うものであり、修行というよりもむしろ半島各地の人びとに功徳を与える要素が強い。

図22　峯入り

　このほか、十八世紀代には六郷山の開基とされる仁聞の縁起「六郷満山開山仁聞大菩薩本紀」や「本末之記」（ともに両子寺蔵）が編纂されたが、これらは六郷山が宇佐宮や弥勒寺とかかわりのある、いかに由緒ある集団であるか、半島全体に広がるいかに大きな存在であるかをアピールするものであった。ちなみに、六郷山は「山岳修験の地」とみなされることもあるが、長谷川賢二が指摘するように山岳信仰と山岳修験の連続面・非連続面が不明確なままであるし、六郷山で白装束を着た僧侶が峯々を集団で巡る「峯入り」が開始されたのは近世のことである。こうした点からすると、六郷山を「山岳修験の地」とする理解はまだ検討する余地があるのではなかろうか。

　なお、こうした六郷山寺院の復興を支え、その後の維持運営を可能にしたのは、杵築藩などの援助や、各寺が立地した地域である。寺院の整備や何より寺院の存続の原動力となったものは、すでに触れたように山地などから生み出されたさまざまな産物によって地域に蓄積された富であった。近世という時代も、六郷山の新たな姿があり、その歴史にとっては重要な意味をもつ時代だったのである。

2　六郷山寺院の姿

（一）六郷山寺院の調査と分類

六郷山寺院については、一九七五〜七七年に大分県教育委員会が六郷満山関係文化財総合調査として、拠点となる寺院のいくつかについて境内地の実測や、仏像・古文書・石造物・建造物・行事の調査を実施した。これによって六郷山寺院の主要な文化財の分布・内容が明らかとなり、その成果は以後の調査の基礎となるものであった。

その後、大分県博が、一九八九〜九一年にまず智恩寺の発掘調査を実施し、つづいて一九九二〜二〇〇二年にかけて、六郷山寺院遺構確認調査（以下、六郷山調査とよぶ）を行った。とくに、後者は現在も存続する寺院の境内地の図化と付属する末寺などの遺構確認、そして廃寺あるいは所在地が明確でない寺院の遺構確認を目的とするものであった。この調査によって、六郷山寺院の伽藍配置の在り方が明確になったほか、経塚遺構の検出やいわば忘れられた六郷山寺院の所在地がかなりの部分明らかとなった。

前で掲げた図21は、こうした六郷山調査の成果にもとづくものである。また、大分県博が同時に実施してきた国東半島荘園村落遺跡詳細分布調査（以下、荘園調査とよぶ）でも、六郷山寺院とその末坊などの確認調査が実施され、たとえば屋山寺（長安寺）や夷岩屋（豊後高田市）などの境内地の図化や遺構が確認された。

こうした諸調査の成果から、六郷山寺院、とくに「建武注文」で本寺とされた拠点寺院の伽藍配置は、その立地によってまず大きく三つのタイプに分類でき、さらにおのおのは本来の六郷山寺院であるかどうかによって細分される。

A　山の斜面や谷部に、下から上に向かって伽藍が縦に展開するもの。「ヤマの寺」ともいうべきもの。

B　川沿いに立地し、伽藍がいわば横に展開するもの。「谷の寺」というべきもの。

C　平坦部に立地するもので、沖積地周辺や沖積地をのぞむ丘陵などに所在するもの。「サトの寺」というべきもの。

全体でみたとき、六郷山寺院の伽藍配置はAが圧倒的に多く、これが六郷山寺院の典型といえる。また、Bについては数が少なく、天念寺（豊後高田市）など数例が挙げられるのみである。Cについては、本来の六郷山寺院でいうと、智恩寺のように九世紀代から所在したとみられるものが含まれる。そのほかには富貴寺や興導寺があり、富貴寺は縦に伽藍が展開するものの、谷の沖積地沿いにあり、Aほど麓と最奥部の高低差もないことから、ここに分類した。また、興導寺は中世末から近世初に六郷山寺院となった寺院である。

（二）ヤマの寺

まずはじめに、Aに属する寺院のいくつかをみていくことにしよう。なお、以下で紹介する寺院の名称は、初見史料にあるものを採用し、括弧内は現在のよび名である。

屋山寺（金剛山長安寺）

豊後高田市大字加礼川《かれがわ》の屋山中腹に所在し、弥勒寺領荘園都甲荘に隣接する。「安貞目録」には惣山屋山と記され、六郷山の中核寺院であったことがわかる。現在、長安寺には大治五年（一一三〇）の墨書銘がある太郎天・二童子像（図23）と保延七年（一一四一）銘の銅板法華経・笘板（いずれも国重要文化財）があり、これらは六郷山の中核寺院としての面影を伝えている。図24は、「建武注文」に記された四至《しいし》（限東田原路、限西明神前道向神護石、限南鳴石、限北折花）を地名調査などの成果をもとに図示したものである。

図23　太郎天・二童子立像

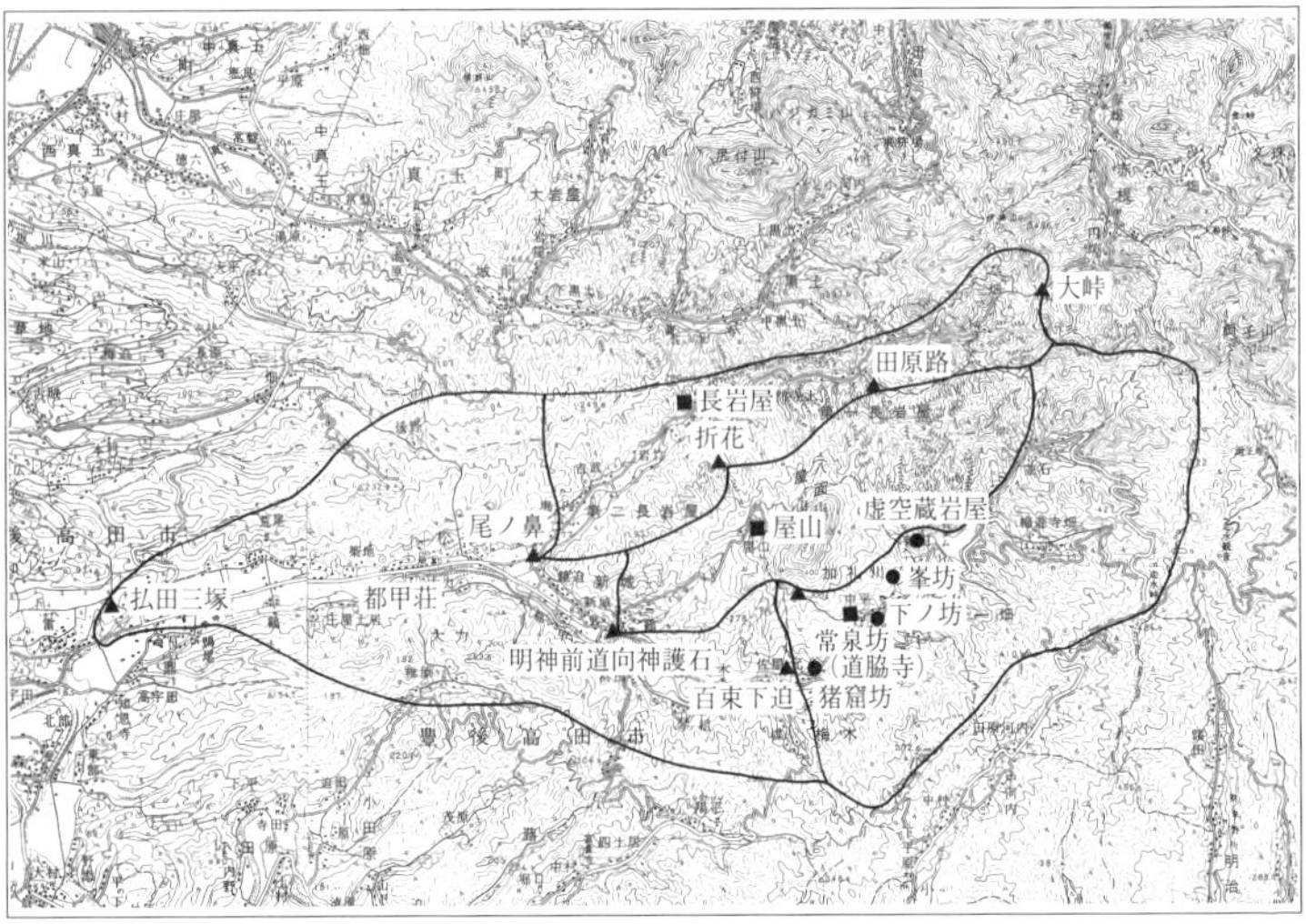

図24　屋山・長岩屋・加礼川（道脇寺）の領域

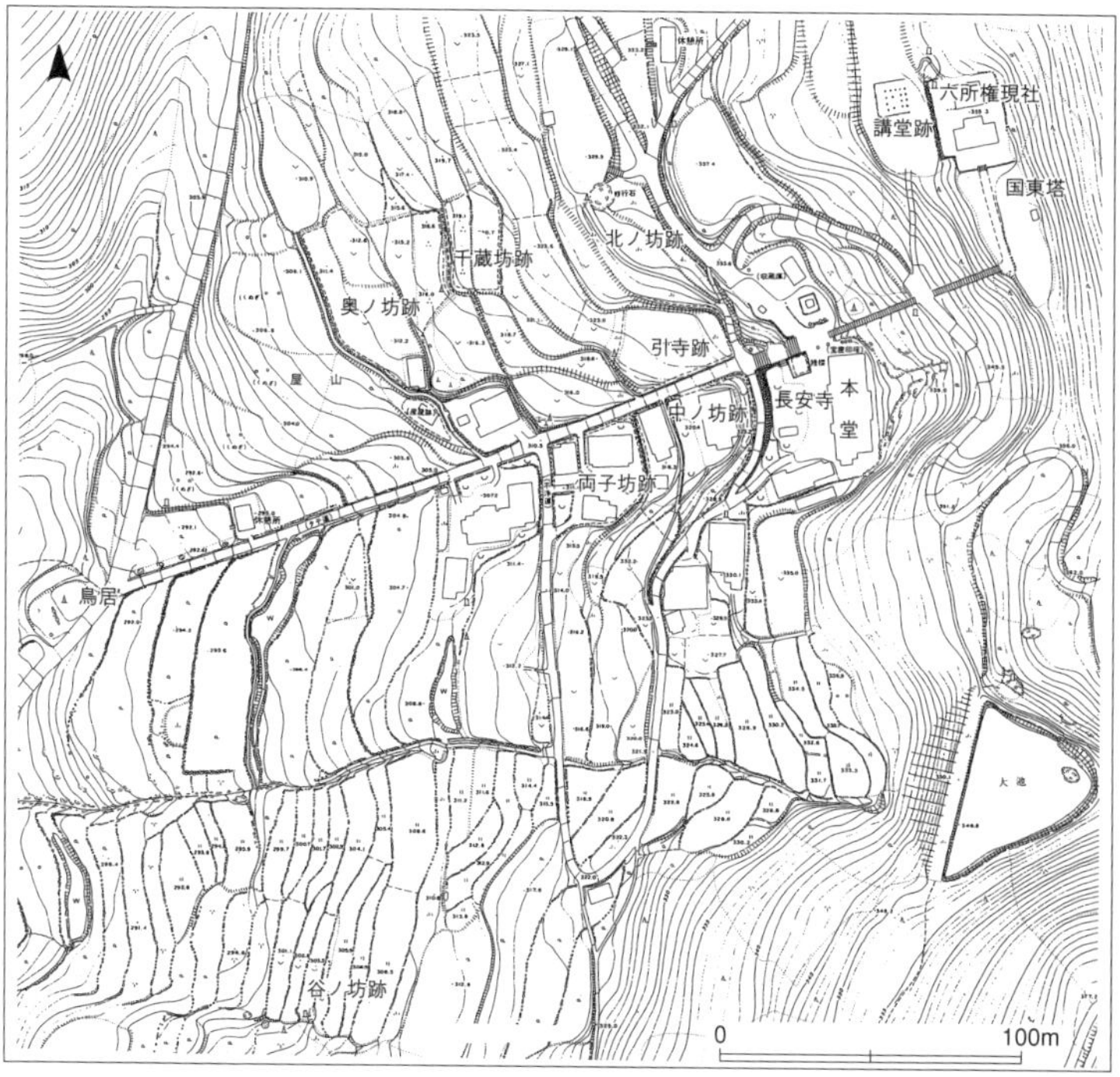

図25　長安寺周辺図

屋山寺への主要参道は西側から上がるもので、途中に鳥居がある。鳥居を過ぎると、両側に平坦面がみられ、これらには坊の名が地名として残っている。長安寺には、仏持院・宝持院・学頭坊・本坊・両子坊・千蔵坊・奥ノ坊・谷ノ坊・北ノ坊・中ノ坊・下ノ坊・峯ノ坊・猪窟坊の二院一一坊があったと伝えられる。このうち、二つの院と学頭坊の故地は不明であるが、本坊（現本堂）から中ノ坊の地名が参道周辺に残る（図25）。

また、途中参道と対向する道は不浄道とよばれ、これより上は聖なる空間とされた。坊跡を過ぎると、向かって右手に一段高い区画があり、ここに本堂と庫裡がある。『太宰管内志』には、本堂の本尊は不動と記されている。この本堂から

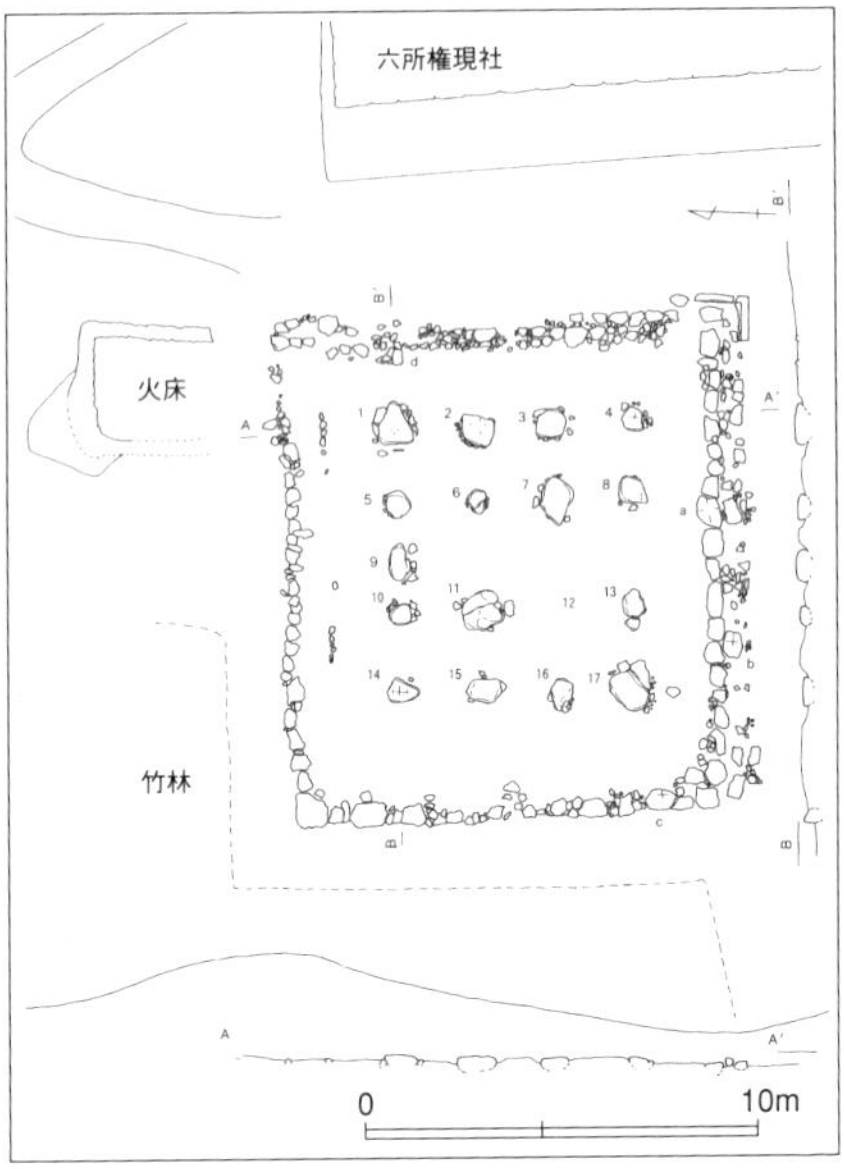

図26　長安寺講堂跡遺構図

さらに石段が上に伸び、中程の左手に講堂跡がある。講堂跡では礎石が確認され、ここから柱間三間四方の身舎に庇一間を巡らした堂であったことがわかる（図26）。長安寺に伝わる『六郷山年代記』には、講堂がたびたび建立されたことが記されており、講堂建立の記載は一七四八（寛延元）年以後みられない。したがって、現在確認される礎石は、寛延元年建立のものと考えられる。

この講堂の上に鎮守六所権現（現在は身濯《みそそぎ》神社と改称）と奥の院跡がある。六所権現の本殿は、棟札から一七六七（明和四）年に建立されたことがわかり、六郷山寺院に残る鎮守の社殿としては規模が大きく、最も整った形式である。ちなみに太郎天像は、明治時代までこの六所権現に安置されていた。

ところで、長安寺の末坊とされるもののうち、下ノ坊・峯ノ坊・猪窟坊の三つの坊は、屋山の南麓にある加礼川地区にその名が地名・屋号として残る。一二四四（寛元二）年の「屋山寺院主応仁置文案」（道脇寺文書）によると、この加礼川地区は屋山寺の建物や行事などと虚空蔵岩屋を維持するための料田が所在しており、基本的に屋山寺の開発所領であったことがわかる。また、一三八九（永徳二）年の「屋山寺供料免田注文案」（道脇寺文書）をはじめとする諸記録から、加礼川地区には右で触れた三つの坊のほかに、常泉坊（道脇寺）と西ノ坊も所在したことがわかる。なかでも、常泉坊は文明年間の「加礼河常泉坊山野等四至注文」（道脇寺文書）によって領域も判明し、領域は集落と耕地それに山野が含まれていたことがわかる。

　さて、これら坊の故地は、いずれも現集落地にある。このことから、基本的に加礼川地区では坊が起点となって集落が形成されたことがうかがえる。なお、「建武注文」には屋山寺とは別に、加礼河という記載があり、これは常泉坊を示すものといえる。このように記載は別になっているが、加礼川にある三つの坊が屋山寺の末坊とされ、文明年間の記録にも「屋山寺払加礼河」と記されていることから、その後も加礼川地区は屋山寺の一部と認識されていたことがわかる。

後山岩屋（後山金剛寺）　宇佐市大字立石に所在し、現在は廃寺。本来の六郷山寺院に属するもので、近世に生み出された六郷山霊場などでは第一番に数えられる寺院である。

　六郷山調査によって、はじめて遺構が確認された寺院跡であり、両戒山《りょうかいざん》（標高三四九メートル）の南東尾根筋のデーモンビラとよばれる斜面を中心とする緩い谷部に位置する（図27）。『託宣集』巻五にある能行が仁聞からさずけられたという峯巡礼の出発点にあたる地である。一八四一（天保十二）年に完成した、九州全域の地誌『太宰管内《だざいかんない》志《し》』に「今は絶て山の中の岩洞に薬師堂のみ残れり」と記されており、すでに十九世紀半ばには廃寺となっていたことがわかる。

　図28は現況の平板実測図である。両戒山の山頂部へと伸びる参道には自然礫の石段がわずかに残り、参道両側に坊跡とみられる平坦面がある。こ

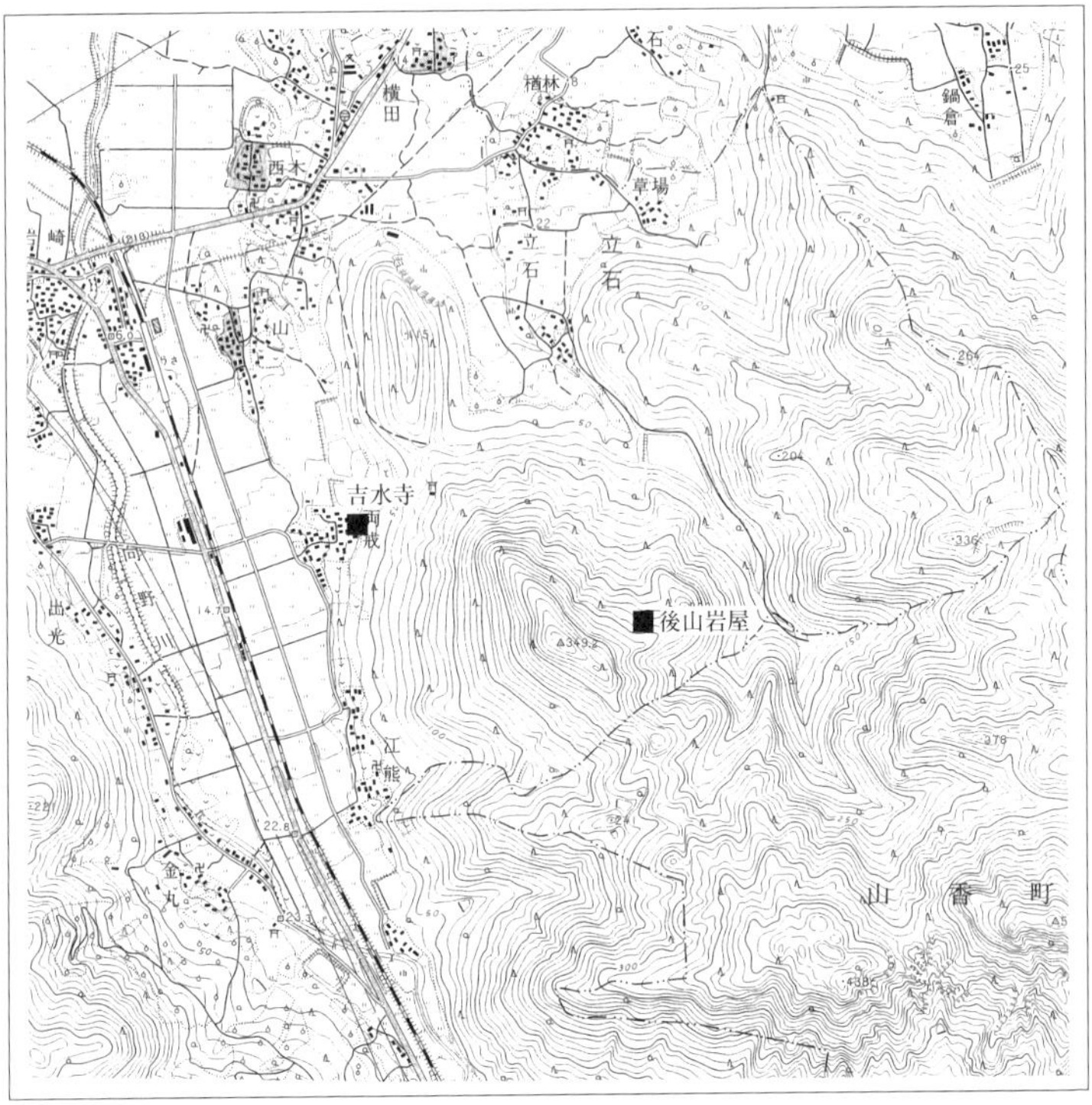

図27　後山岩屋位置図

のうち、第六平坦面には泉水跡があり、第七平坦面の溝からは十二〜十四世紀頃の遺物が採集されている。また、第四平坦面には中央部に一辺約一〇メートルの土堤が巡る。このような平坦面の上に斜面を削った平坦面があり、その上段には両戒山から派生した、巨岩が露出する尾根の端部がある。経塚遺構群は、その斜面部に東西約六〇メートル、南北約一〇メートルの範囲にわたって築かれている。現在、偏平な板石が散乱し、表面観察から経塚の石室が四基確認できる。その一つから、陶製経筒の破片が採集された(図29)。

　経塚遺構群の尾根をこえて下ると、左手の岩陰に十五世紀代とみら

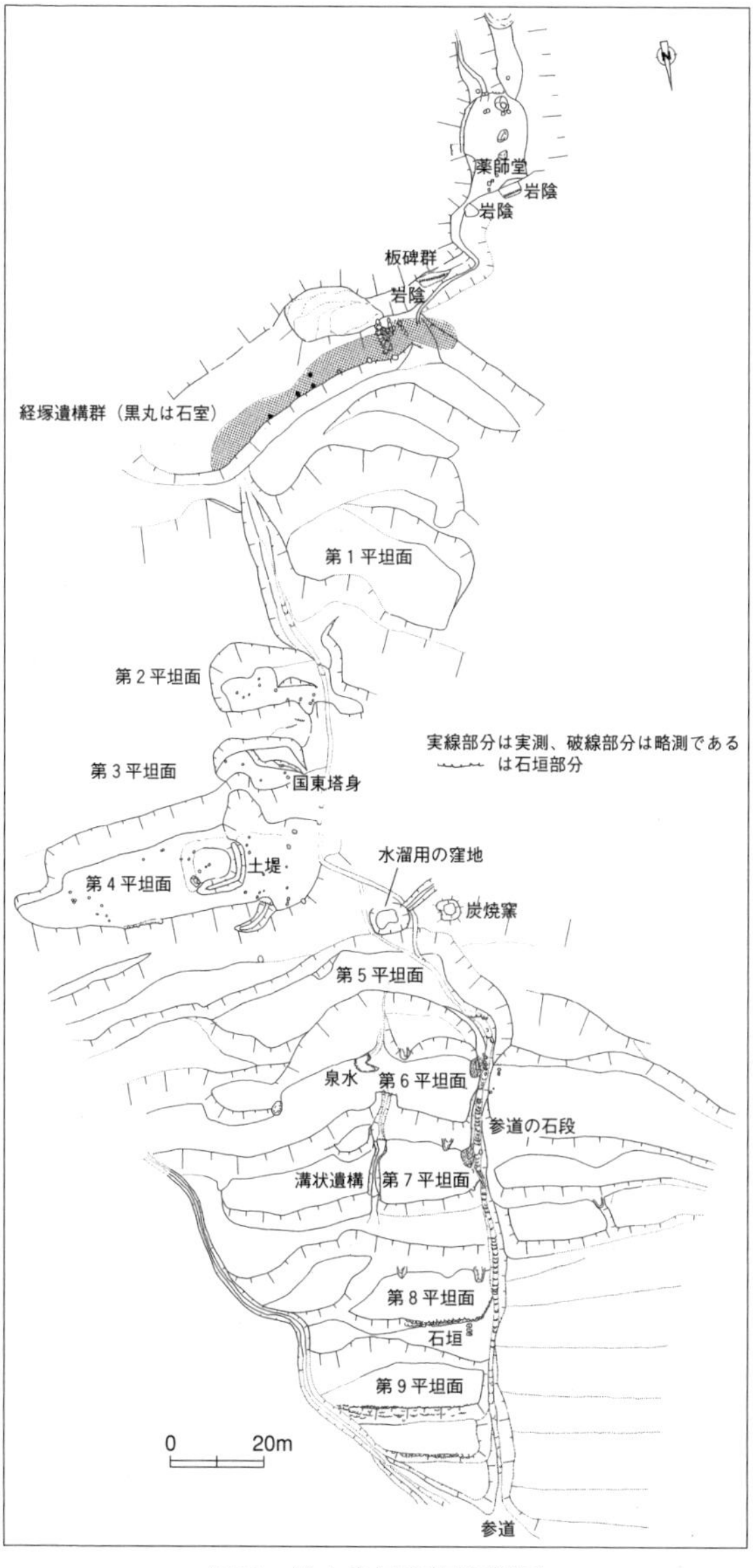

図28　後山岩屋平板実測図

図29　陶製経筒

れる板碑群があり、その先へいくと覆屋の痕跡を刻む岩窟に着く。この岩窟は薬師堂とよばれ、窟内に薬師如来の磨崖仏と石造十二神将像が祀られている。なお、「建武注文」にも四至の記載はなく、寺領の範囲あるいは末坊の所在の有無などは不詳である。

千燈岩屋（補陀落山千燈寺）

国見町大字千灯の千灯岳の北尾根に連なる不動山中腹にある。伊美川上流の支谷に位置し、現在は旧千燈寺などとよばれている（図30）。現在の千燈寺は、旧千燈寺から下流の伊美川左岸に所在しており、この地を寺地としたのは明治時代のことで、旧千燈寺の西ノ坊が移転し、下払坊と合併して寺地を定めたという。現千燈寺には木造如来坐像や石造宝塔などが安置される。

図31は、旧千燈寺の平板実測図である。参道登り口には慶応元年（一八六五）銘の石鳥居などがあり、そこから参道をいくと、文化十三年（一八一六）銘の石鳥居があり、左手には西ノ坊跡がある。さらに、左手に平坦面が二面あり、その上に本堂跡がある。礎石が残り、前面には半肉彫の石造仁王像がある（図32）。本堂跡から参道をさらに上がると、講堂跡と山王宮跡がある。講堂跡は間口五間奥行三間の礎石が残り、昭和の初めまで建物があったという。この講堂跡を過ぎると、参道は二つに分かれ、向かって左に進むと長い急な石段がある。登りつめると、岩窟内に奥ノ院があり、向かって左手には「仁聞入寂の岩屋」、右手

図30　千燈岩屋周辺図

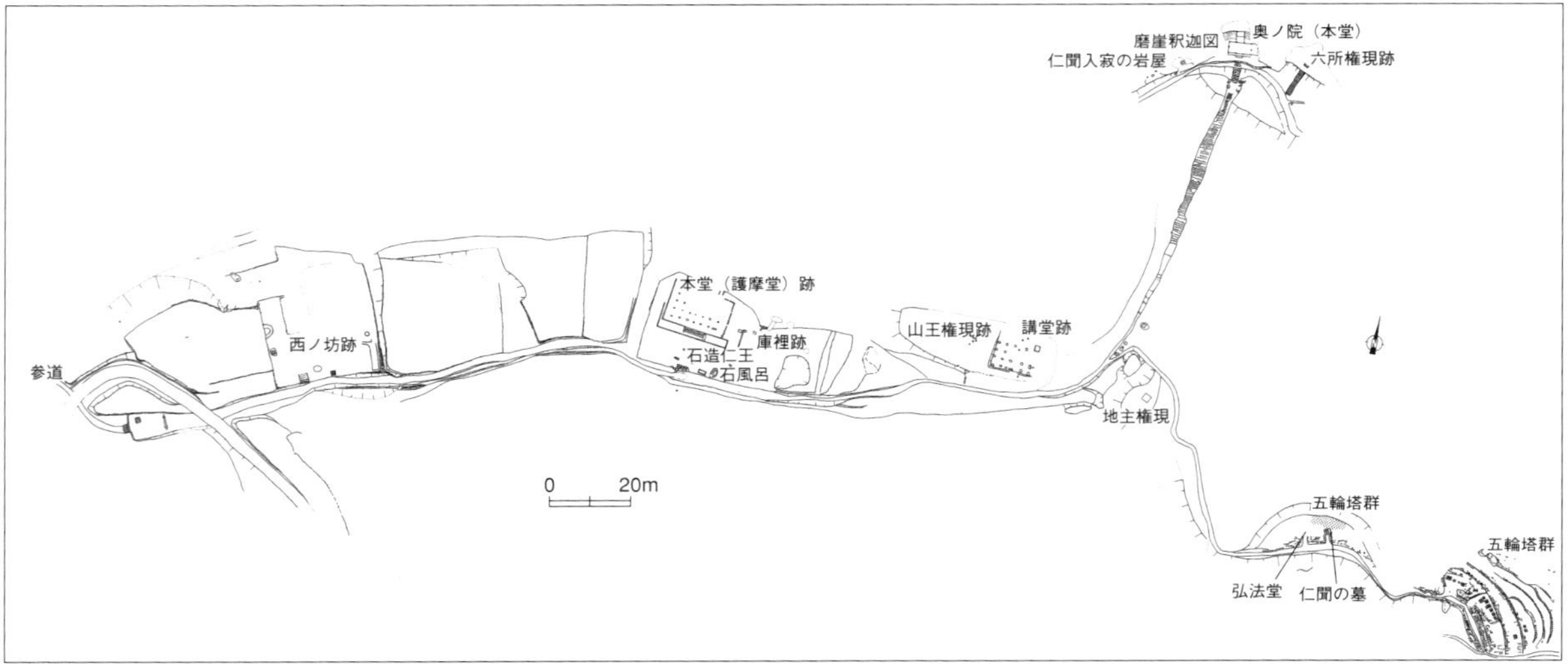

図31　千燈岩屋平板実測図（仁聞の墓付近のスクリーントーンは経塚の可能性がある地を示す）

図32　千燈寺講堂跡と石造仁王像

には六所権現跡があり、いずれも岩窟である。

一方、参道の分岐点を右に進むと、仁聞の墓といわれる宝塔をはじめ五輪塔などが一四〇基ほど所在する。また、この石塔群に隣接して弘法堂跡がある。この地を過ぎ、さらに参道をいくとおびただしい数の五輪塔がある場所に着く。緩やかな斜面にあり、板碑や宝篋印塔などもあるが、圧倒的に五輪塔が多く、その数は九〇〇基をこえる。

なお、旧千燈寺が所在する不動山や千灯岳周辺には五辻岩屋や薬師岩屋などがあり、旧千燈寺がある支谷と伊美川が合流する付近には尻付岩屋や阿弥陀来迎の姿を刻んだ千燈石仏がある。また、旧千燈寺は六郷山を開いたという仁聞入寂の地とされ、六郷山のなかで重要な拠点であったことがうかがえる。


大日・不動岩屋（熊野磨崖仏）　豊後高田市田染地区の南端、杵築市山香

町（弥勒寺領山香郷の故地）との境に位置する。麓の胎蔵寺から山道をいき、鬼が一夜で積んだという石段を上がると、そそり立つ岩壁に雄大な姿をみせる。向かって右に大日如来、左に不動明王が刻まれ、大日は高さ約七㍍《メートル》、不動は高さ約八㍍《メートル》である。こうした熊野磨崖仏については、「安貞目録」では次のように記されている。

不動岩屋　本尊不動　五丈石身　深山真明如来　自作

大日岩屋　本尊大日　五丈石身　深山同種子岩切顕給也

ここにある不動と大日を製作したという真明如来がどのような存在であるのか明確でないが、右の記述から不動と大日はおのおの別個の岩屋として把握されていたことがうかがえる。これら磨崖仏の製作年代は確定されておらず、十一世紀前半～十二世紀後半とかなりの幅がある。ただ、大日・不動ともみごとな彫刻技術によるもので、後述する真木大堂の仏たちとともに、国東半島では異質のものといえる。

この熊野磨崖仏の上には熊野社があるが、現在胎蔵寺《たいぞうじ》には同社にあった阿弥陀三尊懸仏（県指定文化財）が所蔵されている。懸仏には建武四年（一三三七）の年号とともに、「六郷本山今熊野御正躰也」という銘文があり、ここから現熊野社は今熊野とよばれ、少なくとも建武四年には勧請されていたことがわかる。また、胎蔵寺は「建武注文」ではじめて登場する寺院であり、そこでは今熊野寺と記されている。これらにいう今熊野は、紀伊の熊野権現を後白河院が白河御所の北に勧請した神社の名であり、熊野磨崖仏が都とかかわりがあったことが推測される。加えて、馬城山の鎮守が熊野社であることをふまえると、ともにみごとな彫刻技術による巨大な仏像や岩の仏が所在する馬城山と熊野磨崖仏は、宇佐宮・弥勒寺あるいは都との結びつきのなかで生まれた寺院・遺跡であるといえよう。

ところで、熊野磨崖仏は大日・不動ともに頭部はみごとな表現で刻まれるが、肩口から下に向かうにつれて彫りは浅くなり、下の方は何も彫られていないようにみえる。これは岩質の悪さや崩落のためとされてきたが、むしろこれは岩と仏の一体感を強調する技法であり、いわば故意に表現されたものとする飯沼賢司の指摘は重要である。

図33　万福寺木造薬師如来

この点については、国東半島に残る、平安時代作の一木造の仏像が注目される。半島の平安仏には小武寺（杵築市）の木造薬師如来立像などのように衣文が省略されたもの、あるいは万福寺（国見町）の木造薬師如来坐像（図33）のように、節のある木材を使用し、左右対称でない歪みのある仏像がある。いうまでもなく、これらは寺院や仏堂などに祀られるもので、その姿は周囲が納得するものであったといえる。だとすると、衣文の省略や節のある材木を使う、あるいは歪みのある仏像は、技術が未熟であるとか地方の作であるためというのではなく、ある一本の木で仏の姿を刻むことを重視したことによる結果と受け取ることができる。

また、このことは仏像の材となる木自体が聖なるものが宿る霊木であったことを示しているといえる。古くから、わが国では山や川、海あるいは木といった自然のなかに神が宿ると考えられてきた。このようなわが国固有の信仰と仏教との結びつきは神仏習合とよばれ、とくに平安時代に展開するが、右でみた一木造の仏像はそうした神仏習合の一側面を物語るものではないだろうか。そうした視点からすると、熊野磨崖仏の場合も、あのそそり立つ岩山自体が元来神が宿る聖なる地であり、そうした地に仏として姿をみせつつある様子を表現したものと考えられるのである。

両子仙（足曳山両子寺）　安岐町両子に所在する（図34）。国東半島の主峰である両子山の中腹に位置し、「安貞目録」からその名がみえる。近世以後は杵築藩の菩提寺となり、近世六郷山の中心寺院となった。そのため、同寺には仁聞菩薩坐像や「六郷満山開山仁聞大菩薩本紀」などが残されている。

両子寺の境内は近世以後の整備によって大きく変貌しているが、寺への入口にあたる無明橋をこえ、両側に石造仁王像そして末坊跡をみつつ、寺へと登る旧参道は昔の景観をよく残している。

参道を直進すると、明治二十四年（一八九一）銘の石造冠木門がある。通常、この門は閉鎖されており、西側の石段から境内地に入る。現在、境内地には庫裡・護摩堂などが建ち並ぶ（図35）。護摩堂横から谷川を渡ると、大黒堂・稲荷堂があり、稲荷堂横から石段が上に伸びる。石段を上がると「両所大権現」の扁額がある石鳥居があり、平坦面が広がる。この地は山王宮の故地で、奥には十四世紀前半とみられる国東塔が建つ。また、山王宮跡の平坦面東側には講堂がある。現在の講堂は一九八七（昭和六十二）年に建てられたもので、これにともない講堂跡の発掘調査が実施され

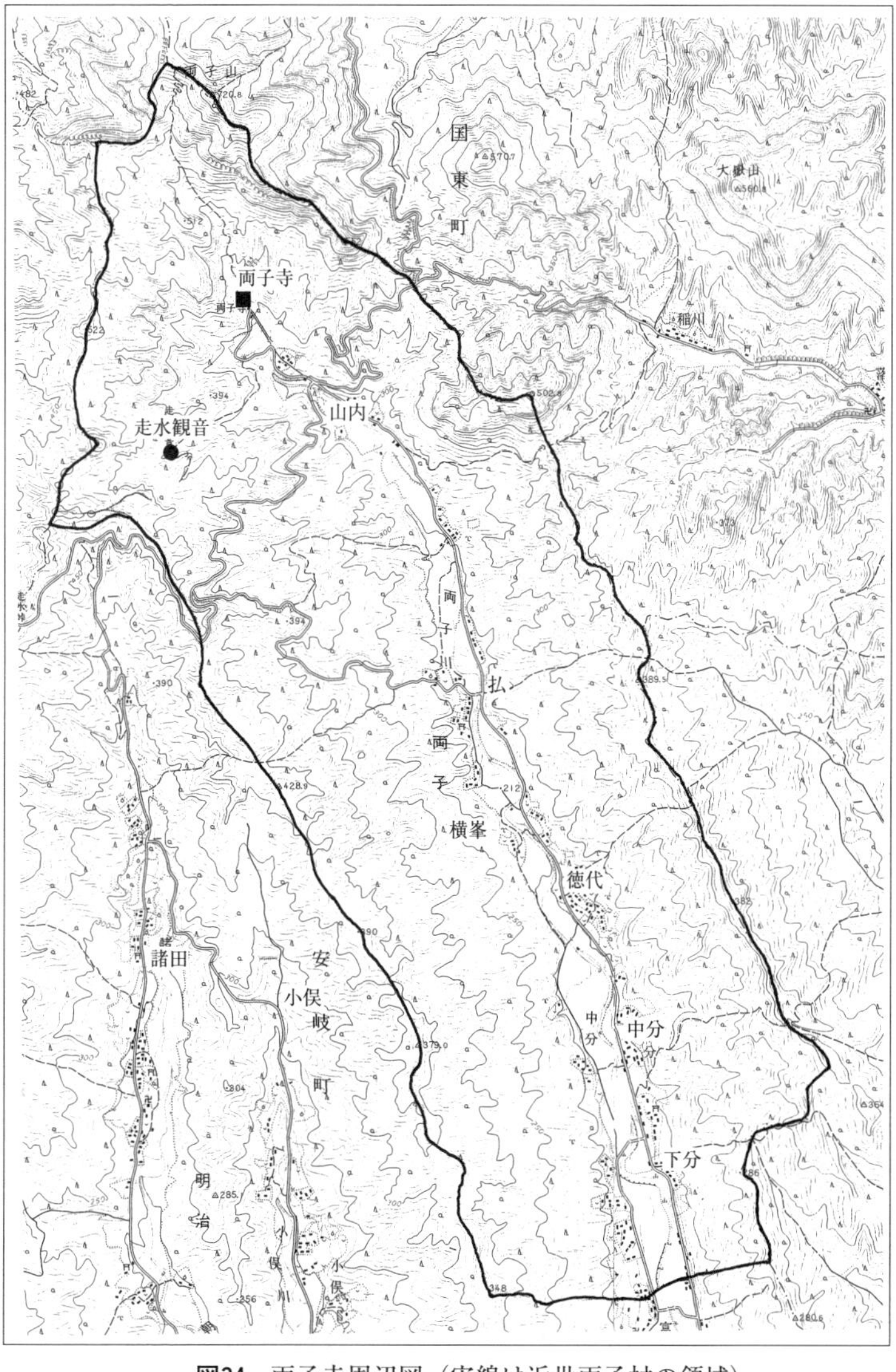

図34 両子寺周辺図（実線は近世両子村の領域）

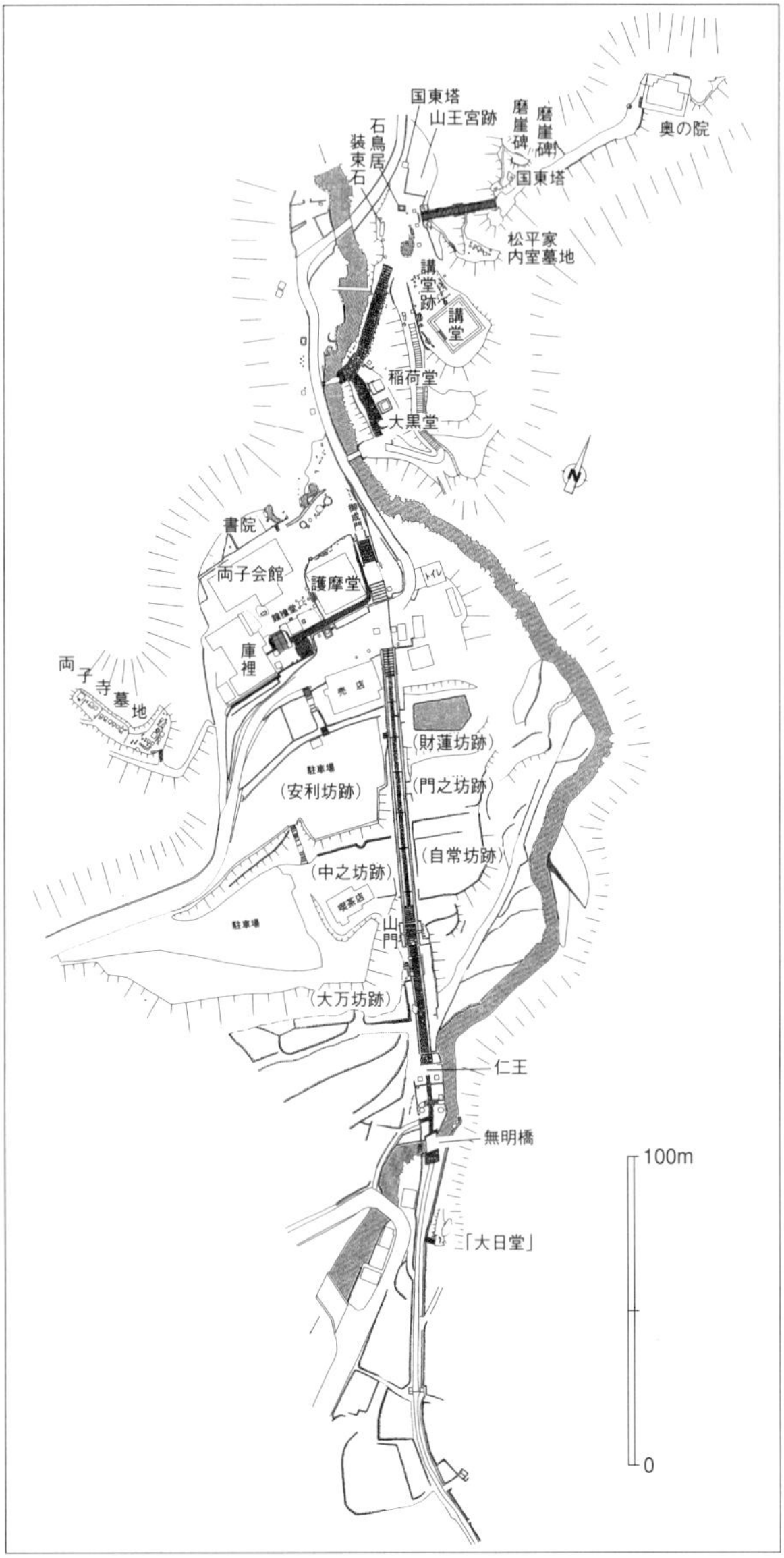

図35　両子寺平板実測図

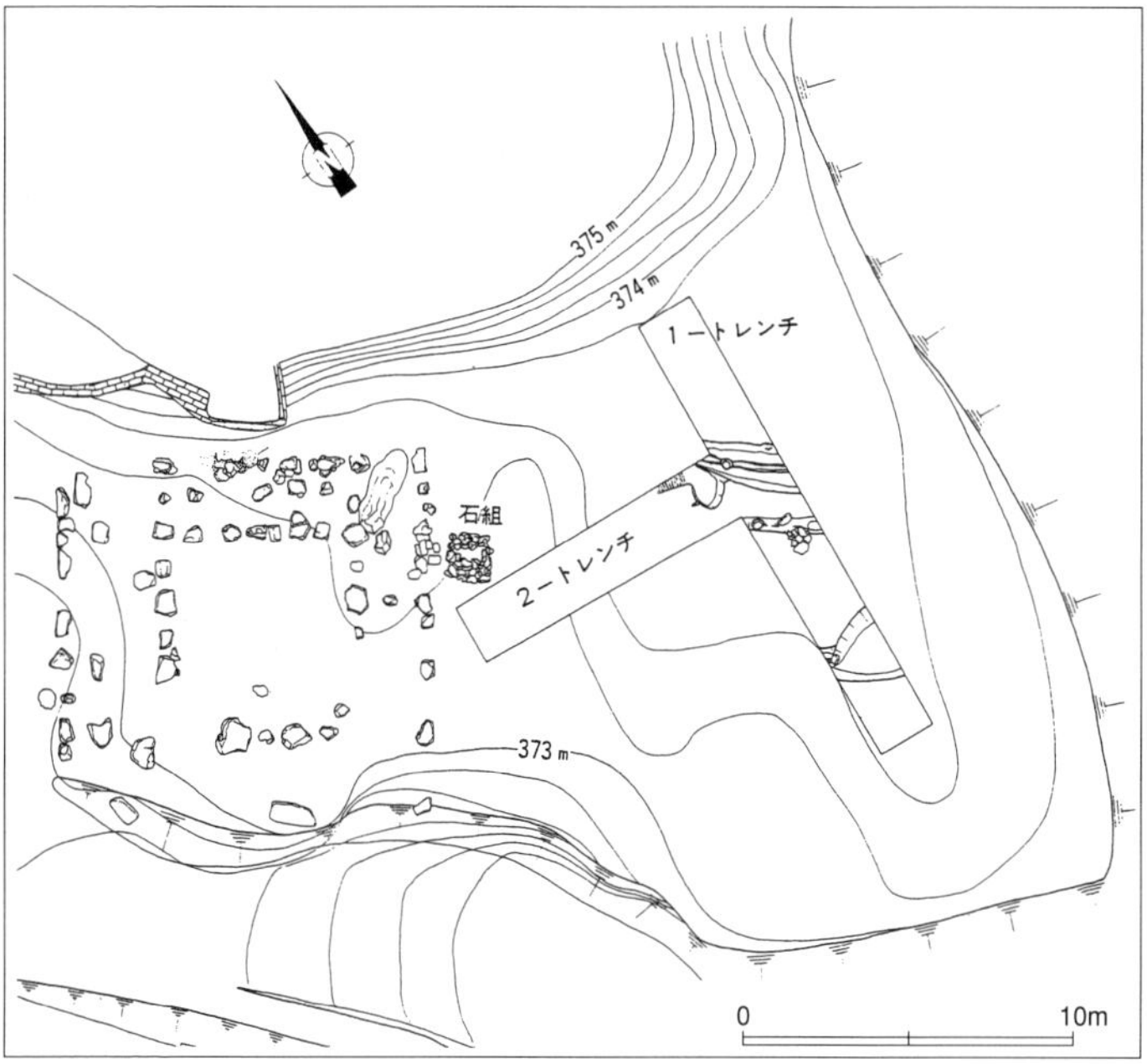

図36　両子寺講堂跡遺構配置図

た。講堂跡では五間四方の礎石が確認でき、三間四方の身舎に一間の庇がつく建物と想定された（図36）。また、出土遺物はほとんどが中世の土師器小皿で、十三世紀後半から十六世紀後半のものとされる。この講堂跡は、六郷山寺院の建物遺構として注目されるものであり、現在は竹垣によって保護されている。

　さらに、山王宮跡に向かって右側の石段を登ると、右に松平家内室墓地があり、さらにいくと奥の院に着く。切り立った岩壁に懸崖造の奥の院本堂がある（図37）。現在は、このようによばれているが、近世の諸記録では権現堂・観音堂・岩屋本堂とあり、その呼び名は定まっていない。屋根は入母屋造で、間口五間、奥行二間の周囲に縁を巡らした外陣と、岩窟内の間口三間、奥行

図37　両子寺奥の院本堂

二間の千手観音などを安置する内陣からなる（後掲の図59）。建築年代は十九世紀半ば頃とみられる。なお、一八八〇（明治十三）年の『豊前豊後神社宝物古器物古文書取調』には、「奉納如法経書写妙法蓮華経三部」の銘文がある経筒が、奥の院横の「岩畔」に安置され、岩畔には建保五年（一二一七）と記されていたという。現在、経筒の所在は不明であり、岩壁の銘文も確認できていないが、両子寺でも境内の最奥部に経筒が納められたことがうかがえる。

こうした両子寺の領域は、「建武注文」の四至からすると、ほぼ近世村の両子村域にあたる。この一帯は、両子寺に近い上流部から山内・払・横峯・徳代・中分・下分と集落が並ぶが、徳代は宇佐宮領武蔵郷の徳代名の故地であり、本来の両子寺領は六郷山寺院独特の所領単位である払を集落名とする払までであったとみられる。前述したよ

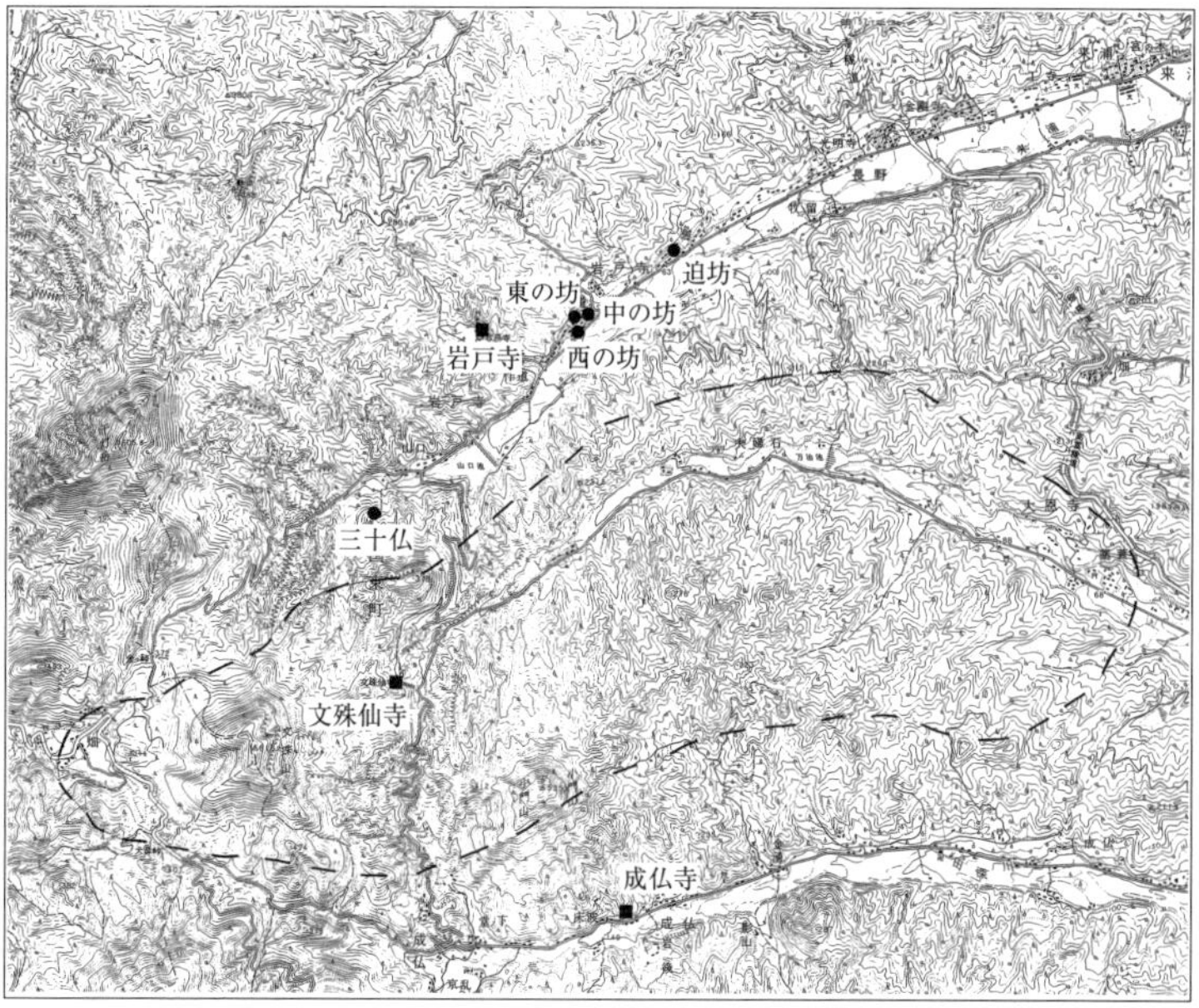

図38　文殊仙寺・岩戸寺周辺図（破線は文殊仙寺の推定領域を示す）

うに、十三世紀前半の六郷山領の明確な四至設定の際に、弥勒寺領香々地荘の長小野が夷岩屋領に組み込まれたのと同じように、横峯集落より下流域が両子寺領に編入されたと考えられる。

文殊仙寺（峨眉山文殊仙寺）　国東町大字大恩寺にある。「建武注文」にはじめて登場し、六郷山寺院としては唯一役小角を開基とする寺院である。「建武注文」の四至（限東蕨野薗澤、限南成仏岩立、限西赤丹畑美尾、限北岩戸美尾）のうち、東の蕨野薗澤の故地ははっきりとしないが、図38にあるような範囲を示すとみられる。

麓から上がる参道入口には十五世紀前半の作とされる石造仁王像がある。そして、石段を上がると惣門があり、その右手に客殿と庫裡などがある（図39）。なお、庫裡の北側には岩窟があり、そこには永和四年（一三七八）と同五年の銘をもつ石

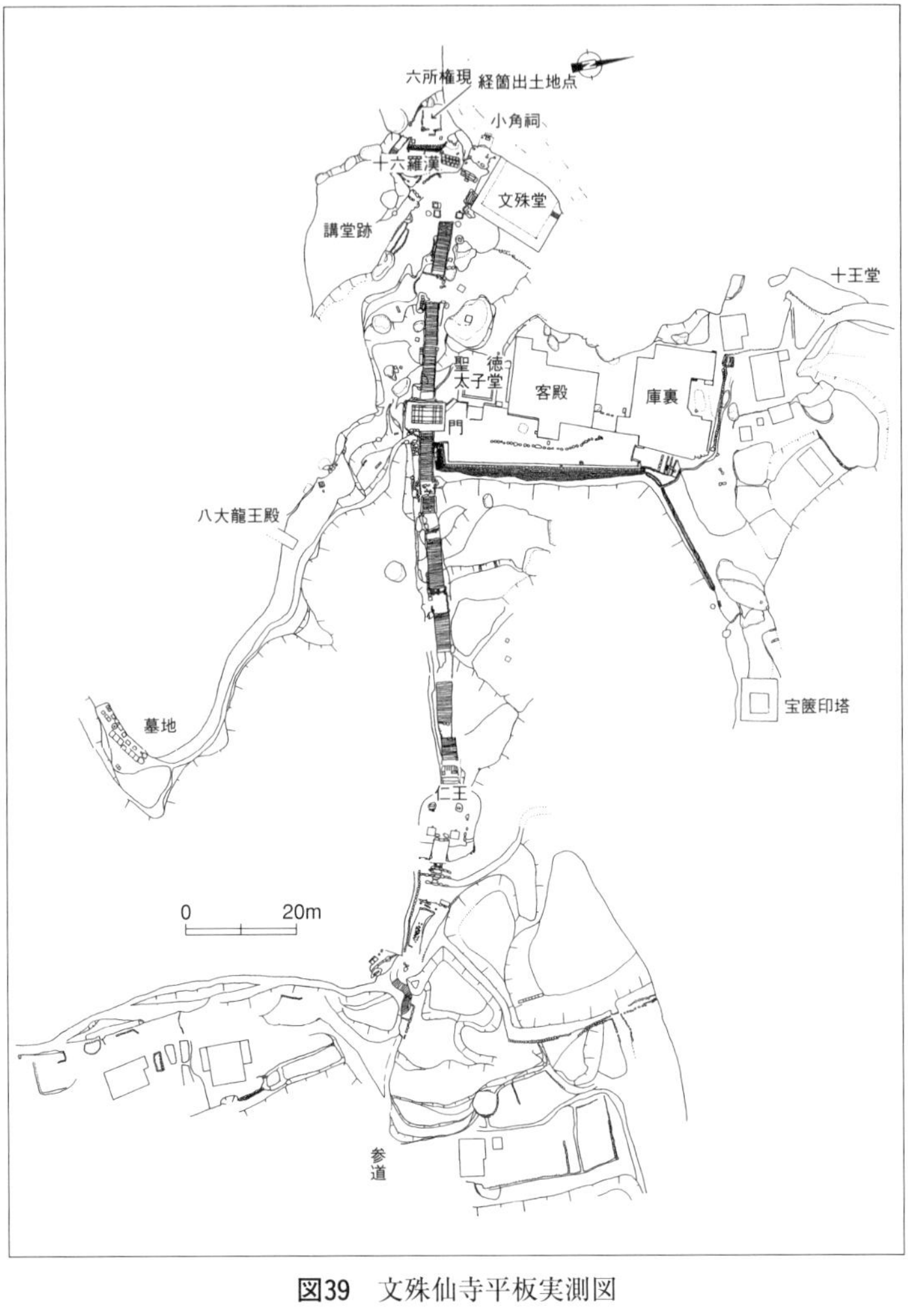

図39　文殊仙寺平板実測図

造十王像（県指定文化財）を祀る十王堂が建てられている。さらに、惣門をこえ石段を登りきると、左手に講堂跡、右手に文殊堂（本堂）、正面に小角祠（獅子窟）、正面の高所に六所権現がある。文殊堂は岩窟に礼堂が建て継がれた懸崖造の堂で、屋根は入母屋である。岩窟内に宮殿を安置しており、こうした形態の堂としてはほかに両子寺奥の院がある。また、六所権現の社殿再建にともなう発掘調査では、陶製経筒の破片などが発見されている。

こうした文殊仙寺境内については、十八世紀後半の作とみられる絵図が残されている。これによると、麓には参道右手の位置に中ノ坊と寿福院、左手に向ノ坊と福寿院があり、この二つの院坊は現在民家となっている。絵図には、ともに現在はない講堂と役行者堂が描かれている。講堂は柱間三間四面、役行者堂は文殊堂と同じように岩窟に礼堂が建て継がれたものとみられ、実際痕跡がいまもある。

ところで、文殊仙寺には海のくらしにかかわる文化財も残る。たとえば、小角祠のなかには石造役行者像とともに妙見菩薩が祀られているし、文殊堂脇の石段には廻船問屋や漁民が寄進した石灯籠や手水鉢がある。そして、同寺には「海上安全」の護符版木も残っている。かつて、文殊仙寺が位置する文珠山は、豊後水道を航行する船にとっては「見立の山」であったといい、文殊仙寺は海のくらしとつながりがある寺院であったことがうかがえる。

岩戸寺（石立山岩戸寺）　国東町大字岩戸寺にある（前掲の図38）。来浦川の支流の最上流部に位置し、文殊仙寺と同じく「建武注文」ではじめて登場する寺院である。弘安六年（一二八三）銘の国東塔（前掲の図12、国重要文

図40　岩戸寺の石造仁王像

化財）や十一世紀前半の作という木造薬師如来坐像（県指定文化財）がある。

参道の石段を登ると、まず文明十年（一四七八）銘の石造仁王像（図40）がある。左手に中覚坊跡とされる畑地を横に参道を進むと、右手に本堂と庫裡がある。この一角は大門坊跡と伝えられ、その上段には院主坊跡・一ノ坊跡とされる畑地がある。ここをこえると、弘安六年銘の国東塔などの石造物があり、さらに上に延びる石段をいくと、左手に講堂がある。講堂には木造薬師如来坐像がある。参道を上がりきったところに鎮守六所権現と奥の院（現薬師堂）、奥の院の右手には明賢洞や鬼岩屋とよばれる岩窟がある。薬師堂には木造薬師如来坐像が祀られ、薬師堂自体はコンクリート造であるが、背後は岩窟となっている。

このような伽藍配置（図41）は、前で触れた長安寺や文殊仙寺と似た形態である。

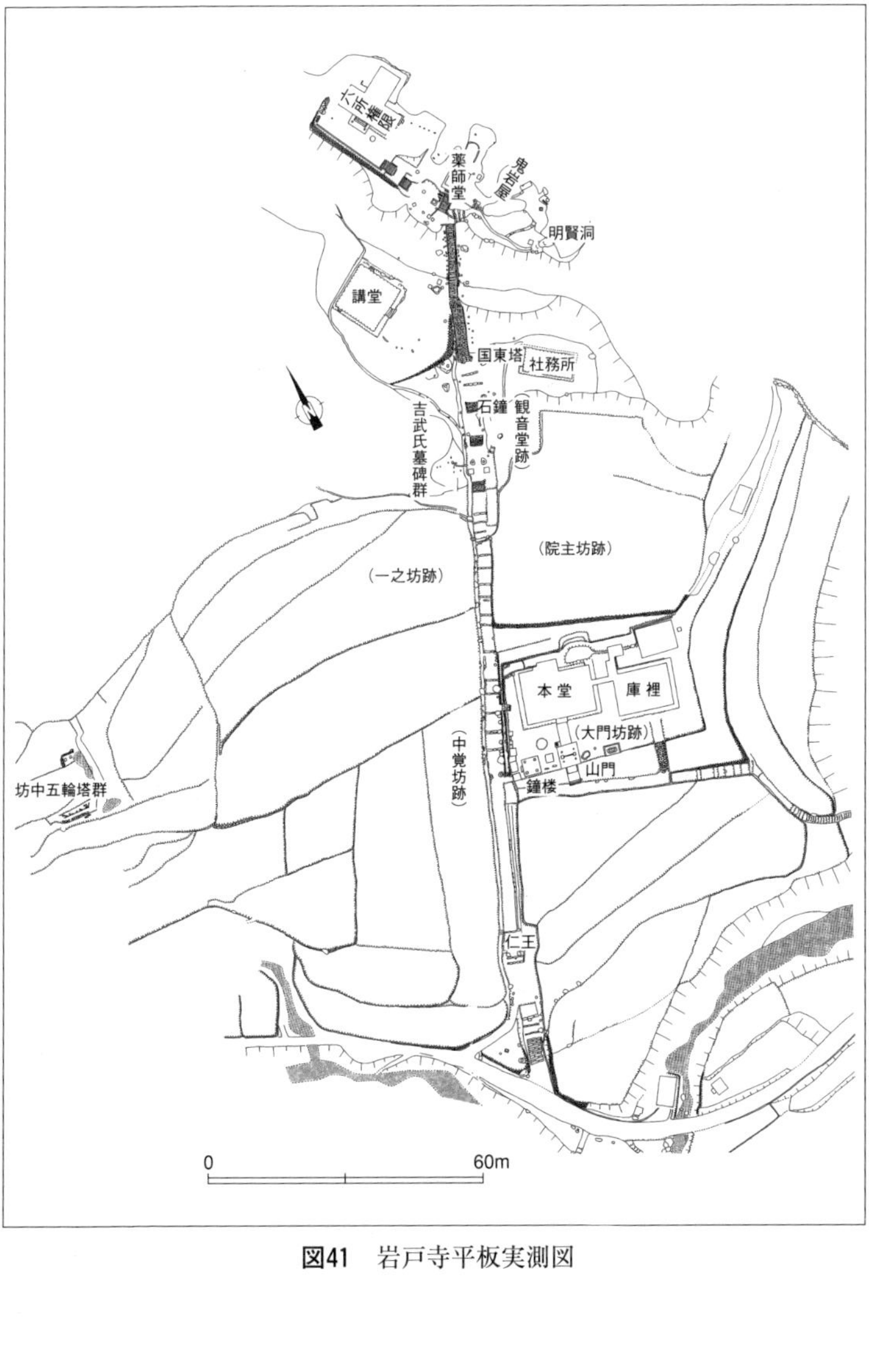

図41　岩戸寺平板実測図

また、図38にあるように来浦川沿いにも、西ノ坊・東ノ坊・中ノ坊・迫坊という岩戸寺末坊の名が現集落に残っており、それらには板碑や五輪塔などの石造物がある。このことは、加礼川地区と同じように、岩戸寺の末坊が現集落形成の起点にあったことを伝えている。

なお、岩戸寺は成仏寺《じょうぶつじ》（国東町）と隔年であるが、毎年旧正月七日に修正鬼会《しゅじょうおにえ》（国指定重要無形民俗文化財）を行う。修正鬼会では一二本の大松明がたてられるが、かつては松明を奉納する集落は決まっていたという。その範囲は、近世の行政村である岩戸寺村全域にわたっており、かつての寺領もこれに相当するとみられる。

（三）谷の寺

つづいて、Bに属する寺院を紹介するが、前述したようにその数は少ない。

長岩屋山天念寺（長岩屋）　豊後高田市大字長岩屋にあり、現在は無住である。都甲川の支流長岩屋川沿いに位置し、十一世紀の作とみられる木造阿弥陀如来立像（国重要文化財）や十二世紀後半の作という木造釈迦如来坐像、日光・月光菩薩立像、勢至菩薩立像（いずれも県指定文化財）などがある。「建武注文」に記された四至（限東赤丹畑大トウケ、限西恒吉西福寺下谷、限南尾ノ鼻ヨリ加礼河マテ大道、限北折花）を地図におとすと、その領域は東西約三キロの谷部と山地となる（前掲の図24）。

天念寺は長岩屋川沿いにそそり立つ岩山の下にあり、下流部から、講堂、身濯神社（旧六所権現）、本堂と建物がつづく（図42）。また、門前の長岩屋川には川中不動とよばれる磨崖仏がある。修正鬼会の会場となる講堂（図43）はオーバーハングした急崖の下にあり屋根は岩窟にかけられ、

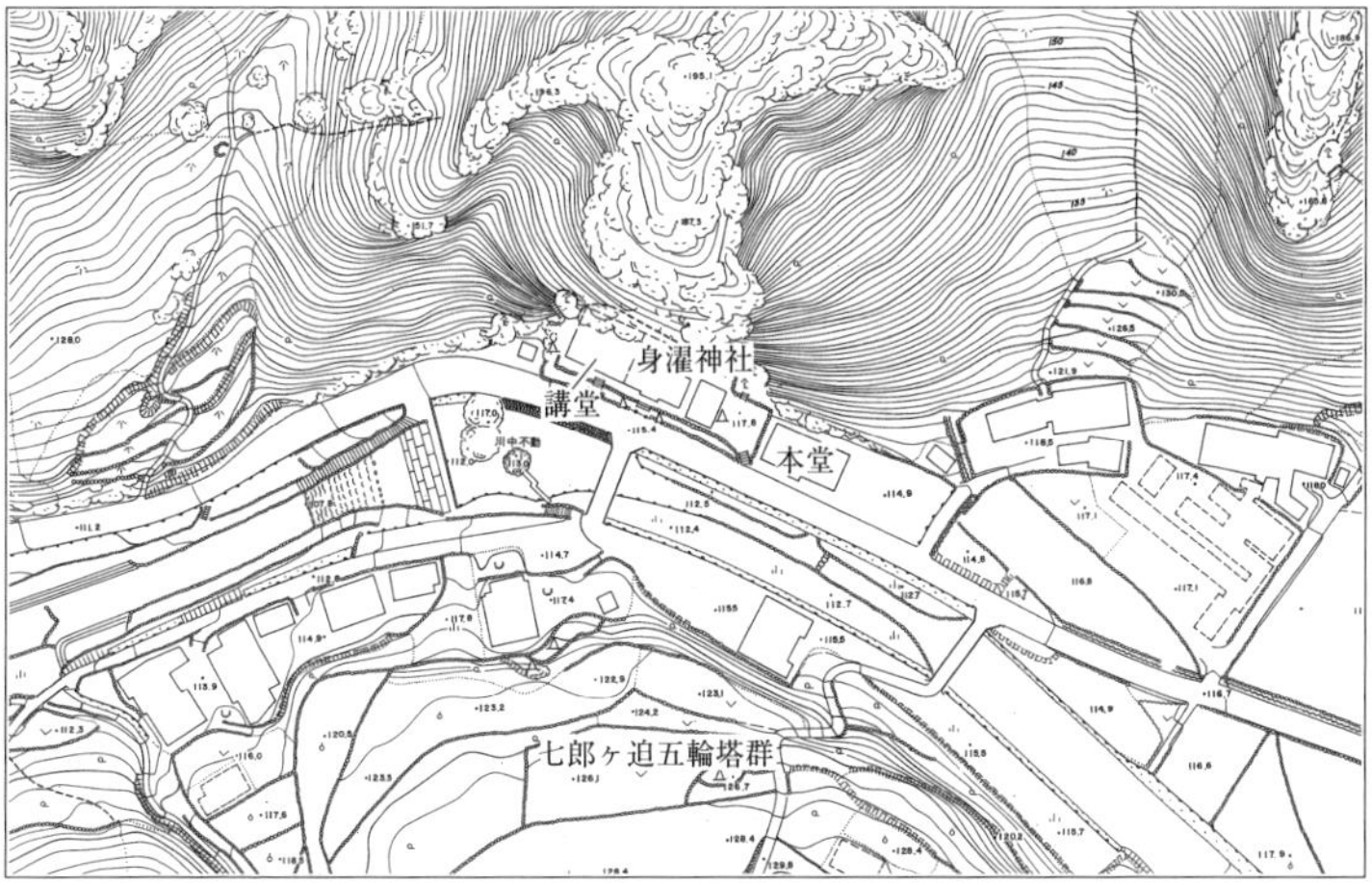

図42　天念寺周辺図

薬師如来坐像や仏壇は岩窟を利用している（後掲の図59）。

一帯は天念寺耶馬とよばれ、寺の後背地にあたる山地は切り立った岩山に連なる。お山とよばれるこの地に、影堂岩屋・龍門岩屋・火打岩屋・福永岩屋・鳥岩屋・小両子岩屋・忌堂岩屋・門出岩屋がある。いずれもその名のとおり岩窟にあり、板碑や宝篋印塔などの中世石造物が残る。また、江戸時代に製作された不動明王や観音菩薩像などの石造仏像があり、営々とした信仰の場であることがわかる。このうち、龍門岩屋は「安貞目録」、小両子岩屋は「建武注文」にその名があり、木造阿弥陀如来立像はかつて小両子岩屋にあったという。なお、この一帯は江戸時代に始まった峯入りのコースでもあり、尾根上には石造の太鼓橋である無明橋など、修行の場が点々とある。

こうした天念寺には本坊（現在の天念寺）・重

図43　天念寺講堂

蓮坊・要本坊・祇園坊・円重坊・西の坊・二本坊・妙仙坊・大門坊・門の坊・仙堂坊・畔津坊という一二の坊があったという。畔津坊を除く一一の坊について、地名などからその故地を明確にすることができる（図44）。これら坊は天念寺周辺に位置し、それぞれの坊跡とされる場所には、堂宇や国東塔・板碑・五輪塔などの中世石造物が残っている。

さて、天念寺については、中世の姿を伝える重要な記録がある。それは永享九年（一四三七）七月付の「長岩屋住僧夏供米再興置文」（土谷文書）であるが、より注目されるのはここに引用された一四一八（応永二十五）年の「長岩屋屋敷注文」である。この注文には六二カ所の屋敷が書き上げられ、最後に六カ条の条文が記されている。屋敷名のうち、その場所が比定できるものについては図44に示したが、屋敷は天念寺が所在する谷全体

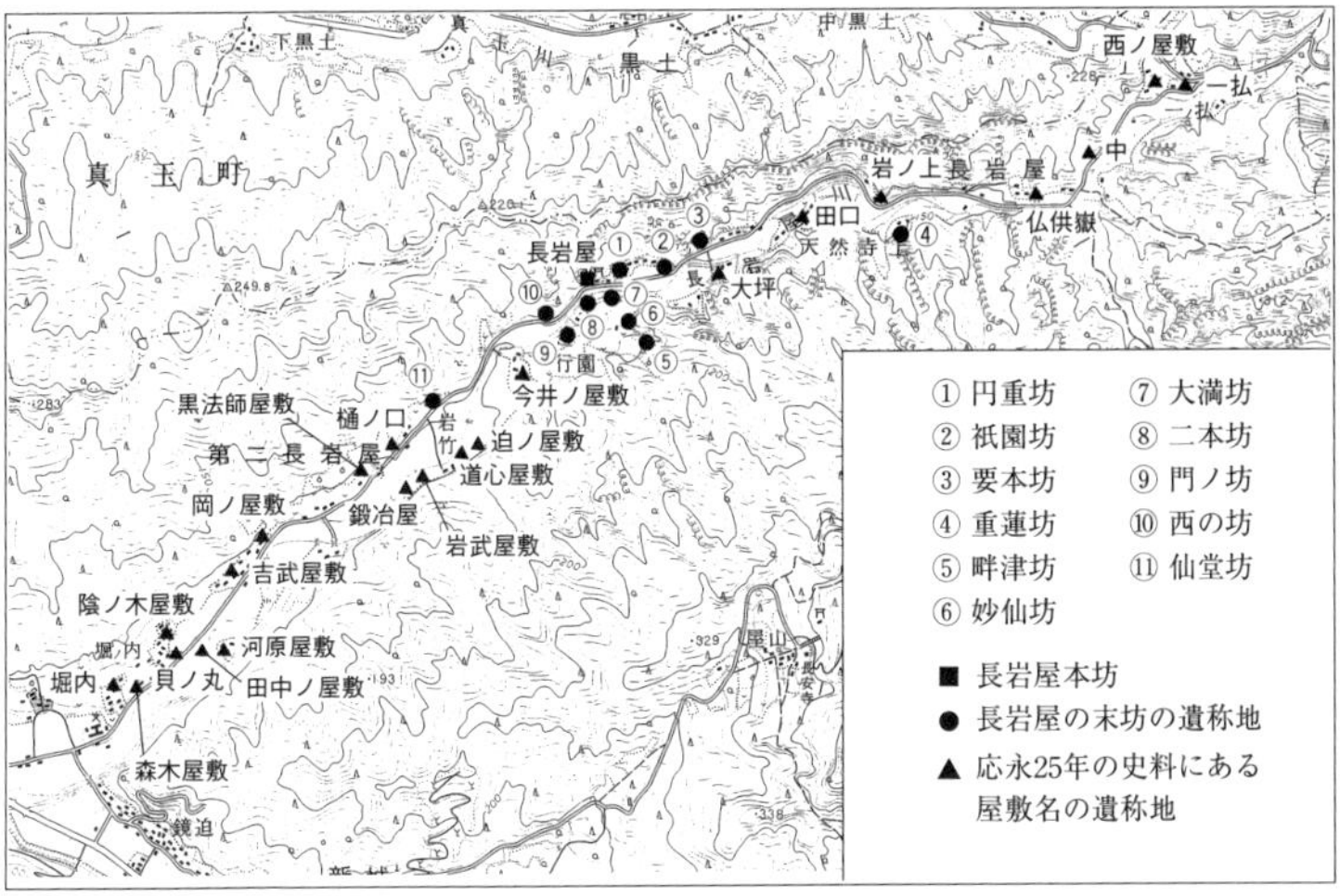

図44　長岩屋の末坊分布図

に分布し、現在の集落が坊や屋敷を起点とすることがわかる。また、六カ条の条文のうち第一条では、屋敷注文に記された屋敷の住人を「住僧」として把握し、長岩屋の役を負担しなければならないとしている。つまり、このことは天念寺が所在する谷全体が「山内」すなわち境内と位置づけられていたことを示し、言い換えれば谷全体が寺と一体化していたのである。現在、天念寺で行われる修正鬼会は寺とムラが一体となった行事であるが、これは右にみるような長岩屋による地域支配の在り方を受け継いだものといえよう。

夷岩屋（夷山霊仙寺）　豊後高田市大字夷の竹田川沿いに位置する（図45）。「建武注文」で四至は不明である。

下流部から霊仙寺・実相院・六所神社と並ぶ（図46）。江戸時代の記録から、現六所神社境内には阿弥陀堂や不動堂などがあり、これらは夷岩屋

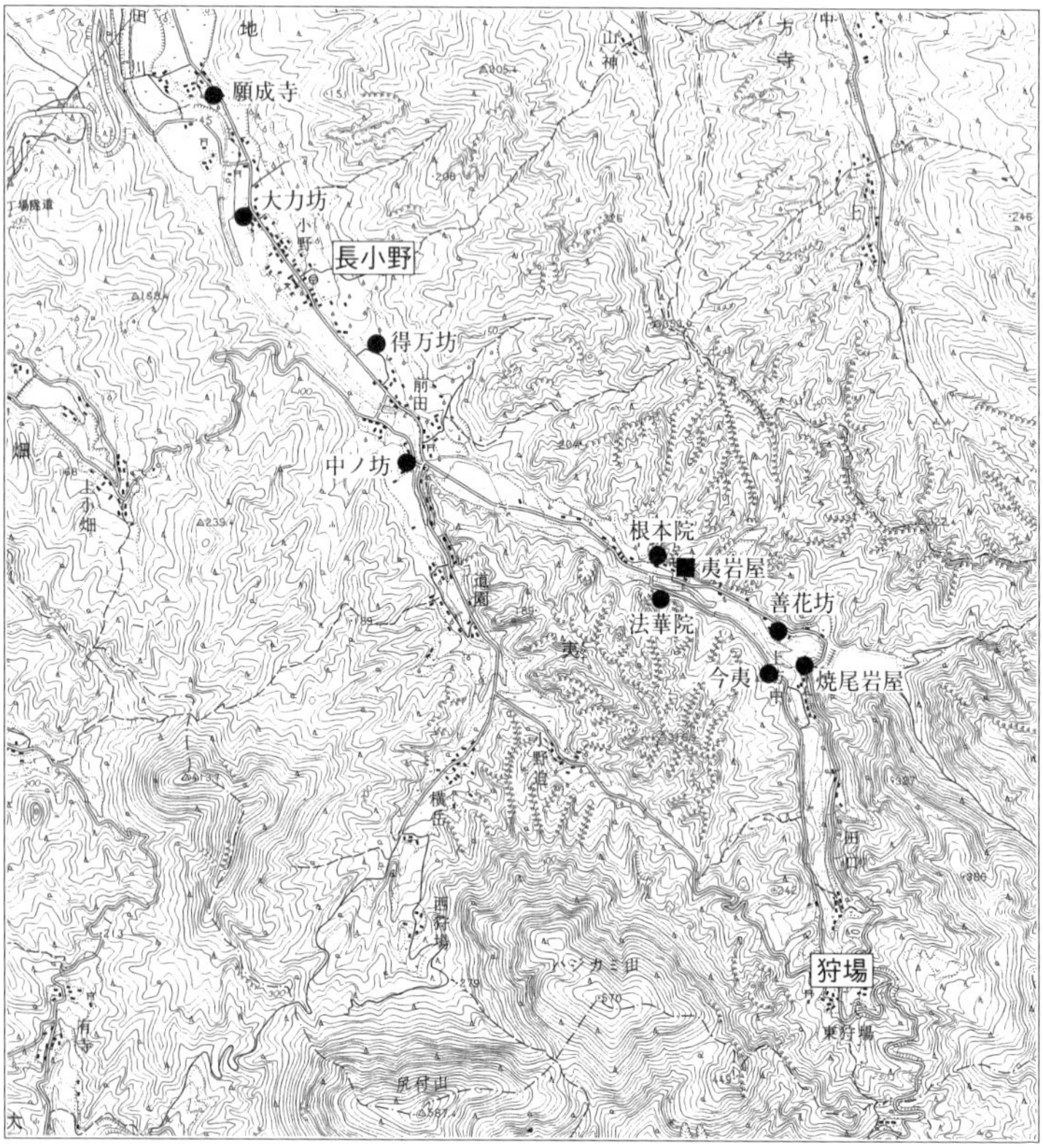

図45　夷岩屋および末坊等位置図

にかかわる堂宇であることから、夷岩屋の故地は現六所神社であり、霊仙寺や実相院が建つ地は僧侶の居住する坊の故地であると考えられる。実際、霊仙寺は元禄年間まで根本院とよばれたといい、六所神社後背の山には旧六所神社といわれる岩窟がある。

ところで、夷岩屋には政所坊・陽恩坊・新坊・妙鏡坊・根本院・法華院・善花坊・得万坊・中ノ坊・大力坊の院・坊があったことが知られている。このうち、政所坊から妙鏡坊の故地は明確でないが、残りの院・坊の故地は現地調査によって夷岩屋が所在する竹田川上流域と中流域の長小野地区に

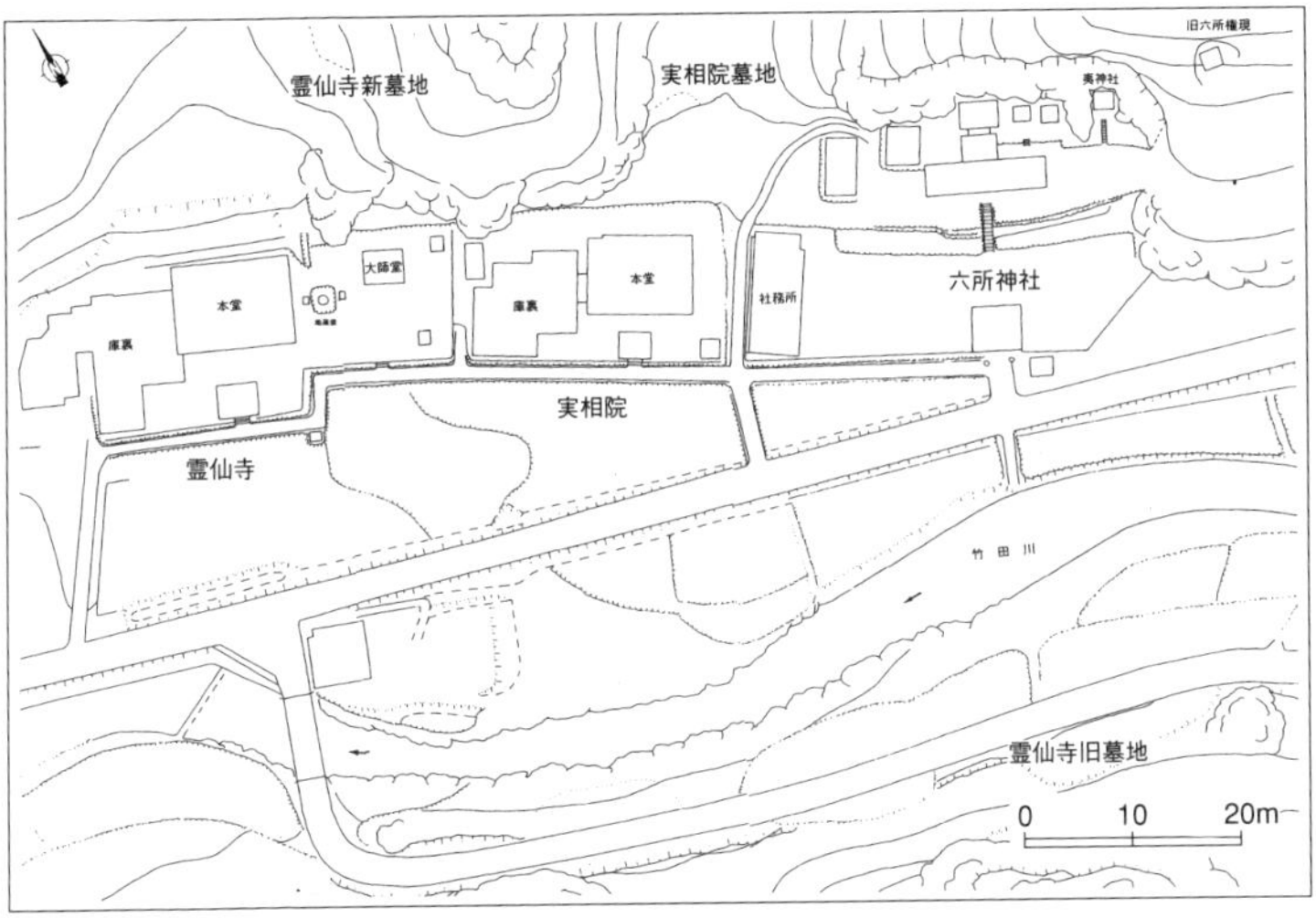

図46　夷岩屋周辺図

分布することが確認された（図45）。いずれの故地も現在は集落地となっており、前で触れた長安寺や天念寺の場合と同じく、六郷山寺院に属する坊が現集落の起点となったのである。

なお、夷岩屋が所在する竹田川上流域は、前で紹介した「夷住僧行源解状案」にあるように、平安時代後半から僧侶による小規模開発が行われたことが確認できるが、一連の現地調査によって一五四一（天文十）年の「夷地見坪付注文」（余瀬文書）にある地名が竹田川上流域に分布することが明らかとなった。このことから、川沿いに水田が広がり、集落が点在する現在の景観は、少なくとも十六世紀半ばには基本的に成立していたことがうかがえるのである。ところで、霊仙寺と竹田川をはさんだ対岸の崖下には、霊仙寺旧墓地とよばれる石塔群（図47・48）がある。東西四〇《メートル》ほどの切り立った岩壁下の斜面に平坦面が階段状に

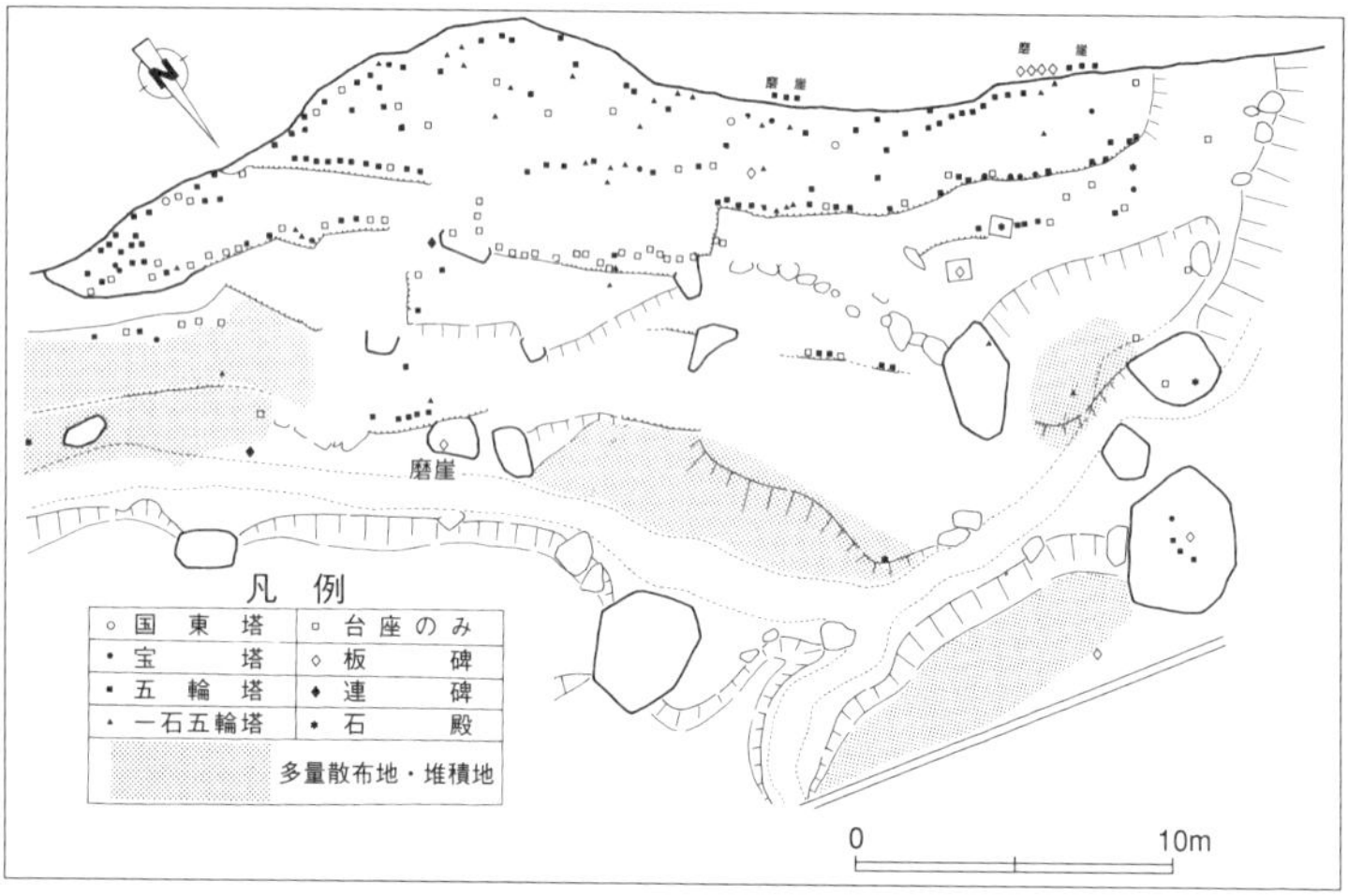

図47　霊仙寺旧墓地平面図（真野和夫氏作図）

図48　霊仙寺旧墓地の石塔群

つくられ、そこに国東塔や五輪塔などが建ち並び、最上段には崖面に磨崖五輪塔が刻まれている。ただ、現在は杉の植林地となっており、岩壁直下の平坦面以外は石積みが崩れ、原状を留めていない。そのため、石造物のパーツが斜面や最下段に大量に散布している。このような点をふまえ調査を行った真野和夫は、旧状の想定復原を行い、この地は本来五つの平坦面からなり、その造成は上段から下段に向かって行われたとした。

さて、現在の霊仙寺旧墓地には最上段を中心に約一六〇基の五輪塔と四基の国東塔、一二基の宝塔が確認できるが、このほかに台座のみが残るものも数多く、前述したように大量の石造物のパーツが散布することからして、本来はさらに多くの石造物が建ち並んでいたことはいうまでもない。現在、霊仙寺境内に所在する国東塔も、もとはこの地にあったもので昭和五十年代初頃に移したという。また、この霊仙寺旧墓地崖面東側にある巨岩の上には十五世紀前半の作である宝篋印塔があり、霊仙寺などがある対岸からのぞんだとき、かつてこれらの石造物群は壮観であったと考えられる。こうした霊仙寺旧墓地に建ち並ぶ石造物は十五世紀前半を上限とし、十六世紀にいわばピークがある。真野によると、五輪塔には塔身部に火葬骨を入れたものがあるといい、これらの石造物は基本的に墓塔として建てられたことがうかがえる。実際、夷岩屋にかかわる史料の一つである「請諷誦善根目録事」（一四三七〈永享九〉年、余瀬文書）に「円舜祐心禅尼」の四十九日の法要で五輪塔一基が建立されたことが記されている。ここにある円舜という女性の墓塔を確認することはできないが、この史料は霊仙寺旧墓地のおびただしい五輪塔群の成立事情の一端を示すものといえよう。

このほかに夷岩屋の故地周辺には五輪塔群が点在するものの、霊仙寺旧墓地は最大規模であり、その立地もふまえたとき、この地が中世夷岩屋一帯に居住した僧侶らの墓地であったことがうかがえる。

（四）サトの寺

最後にCに属する寺院をみていこう。

智恩寺（良薬山智恩寺）

豊後高田市大字鼎にある（図49）。その地は桂川とその支流都甲川の合流点付近の標高約六〇メートルの丘陵上であり、丘陵上は平坦地が少なく大小の谷が入り込み、智恩寺はその西端に位置する。周辺には弥生時代の遺跡や横穴などが分布し、丘陵下の沖積地には高宇田条里遺跡がある。古代には来縄郷に属し、人びとによる開発の手が早く入った地である。前で紹介したように、智恩寺については大分県博が遺構確認と発掘調査を実施しており、以下ではその調査成果をもとに、智恩寺の歴史をみていこう。

図50は智恩寺境内一帯の地形図である。講堂と六所権現（現山祇社）は、標高八三・五メートルを最高所とする小字堂山に位置する。講堂はほぼ南面して建ち、五間四面の堂である。屋根は宝形造に近い短い棟をもつ寄棟造で、茅葺きの上に現在はトタンをかぶせる（図51）。六郷山寺院では数少ない現存講堂の一つで十八世紀中頃の建立とみられる。講堂前には、十四世紀半ばの作とみられる国東塔（県指定文化財）があり、この一帯が狭義の智恩寺と認識されている。

一方、地籍図や地名調査などから、この堂山の周囲も智恩寺境内域とみられ、その一つに堂山の北東に位置する小字門の土居がある。その一部に現在ほぼ方形に区画した寺屋敷とよばれる地があ

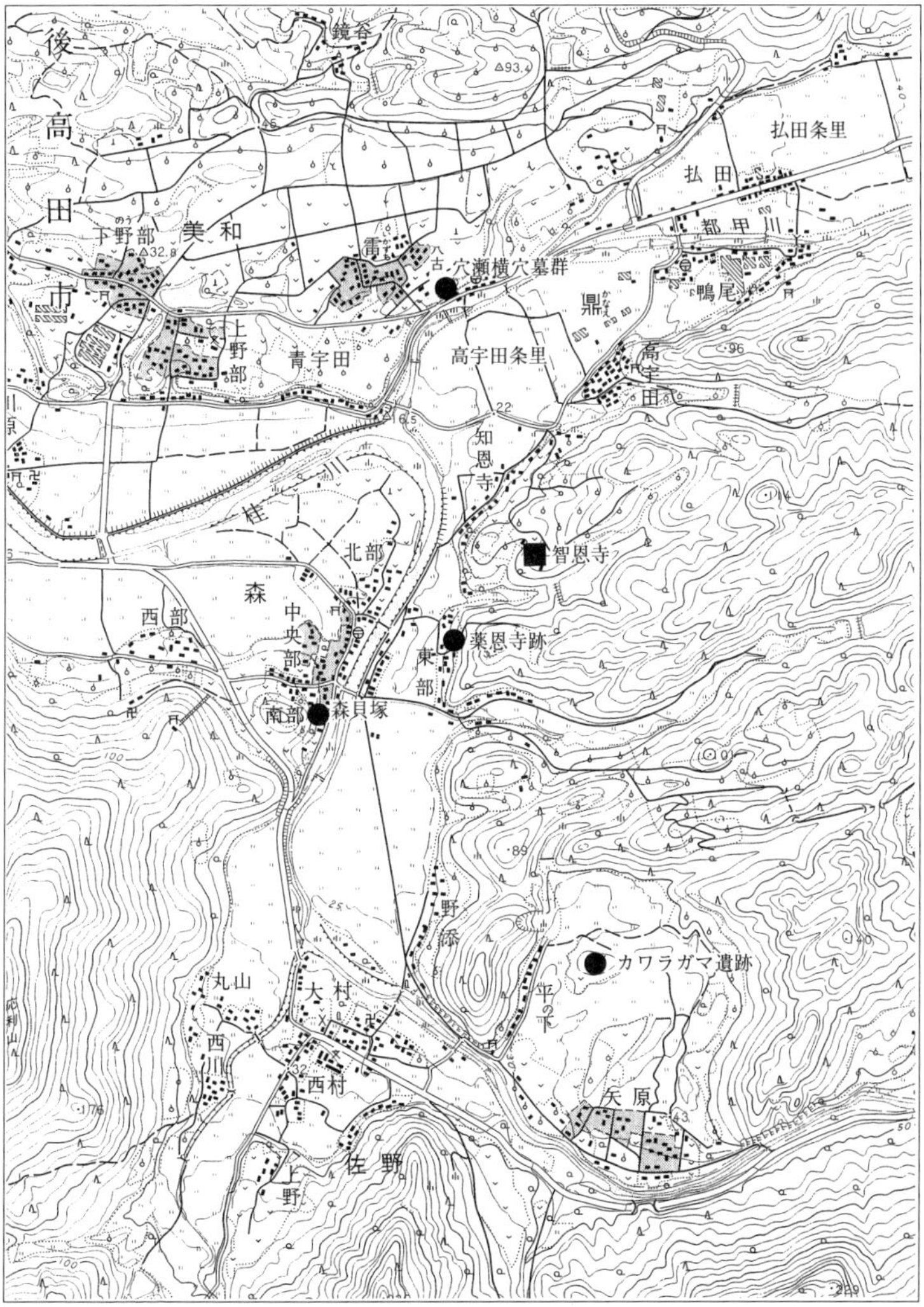

鏡谷
後高田市
払田条里
払田
都甲川
下野部
美和
雷
穴瀬横穴墓群
鼎
鴨尾
上野部
青宇田
高宇田条里
高宇田
知恩寺
桂川
北部
智恩寺
森
西部
中央部
薬恩寺跡
東部
南部
森貝塚
野添
カワラガマ遺跡
丸山
大村
平の下
西川
西村
矢原
佐野
上野

図49　智恩寺位置図

図50　智恩寺周辺地形図

り、この地が『太宰管内志』に記された講堂から一町下ったところに所在したという「本寺」の故地に比定される。また、堂山の西側にはイヤノ谷とよばれる小さな谷がある。その最上部には観音堂があり、谷両側に坊跡ともみられるテラス状の平坦面がある。明治時代まで、三宅姓の人びとが居住していたことから、三宅の土居ともよばれる。

そして、堂山から、このイヤノ谷をはさんで西に位置するのが小字西城である。最も高所にある平坦面は城の内とよばれ、土塁が残存する。その名から居館跡とみられる。実際、文禄の朝鮮出兵で、大友義統に従って出陣した軍将のなかに「智恩寺」の名があり、

図51　智恩寺講堂

十六世紀後半には智恩寺は寺であるとともに大友氏の軍団を構成する領主でもあった。西城地区は、この時期の院主の拠点であり、智恩寺は寺と城が一体として存在することを示す貴重な遺跡と位置づけられる。

さて、講堂などがあり、智恩寺の中核部とされる堂山地区の山祇社北側の発掘調査では、瓦を主体とする包含層とそれを切る円形の土坑が確認された。包含層からは、軒先瓦七点、丸瓦・平瓦破片総数一一〇二点が出土している。なかでも、軒先瓦は、素弁八弁蓮華文軒丸瓦が二点、単弁六弁蓮華文軒丸瓦二点、単弁四弁蓮華文の軒先瓦が一点、軒平瓦と軒丸瓦の破片が各一点ずつで、単弁六弁蓮華文軒丸瓦は宇佐弥勒寺や豊後国分寺跡に類似している（図52）。これらは共伴する土器の年代観から九世紀前半までさかのぼり得るものと考えられ、堂山地区には九世紀前半に瓦葺の建物が所在したことがうかがえる。六郷山寺院のなかで、この智恩寺が唯一九世紀代に建物の存在が確認されており、重要な遺跡といえる。また、包含層を切る円形の土坑は、九州でも出土例が少ない梵鐘鋳造遺構で、十三世紀中頃から後半のものとみられる（図53）。同時に鋳型も発見されているが、その全形は確認できないものの、古式を残すものとされ、いずれも重要な遺構と遺物である。

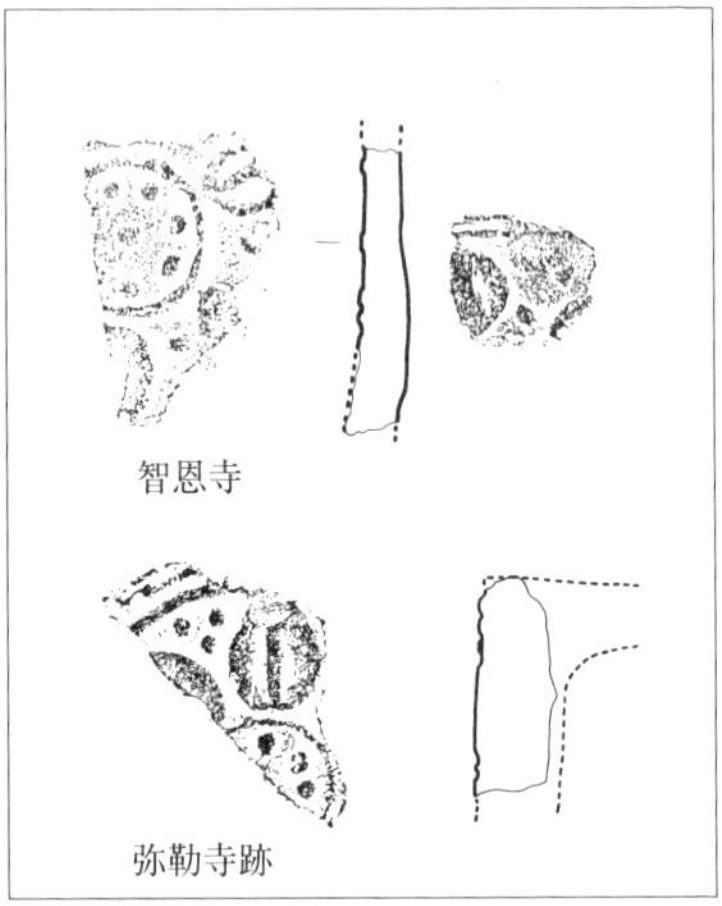

図52　智恩寺出土の瓦

図53　梵鐘鋳造遺構

一方で、寺屋敷とよばれる地区では、現状や聞き取りから土塁や堀が確認できたが、発掘調査によって、それ以前に一辺約二八メートルの方形区画が存在したことが明らかとなった。出土遺物などから、十四世紀代に整備されたものとみられ、中心となる仏堂の故地である可能性が高い。

喜久山・馬城山伝乗寺（真木大堂）　豊後高田市大字真木に所在する（後掲の図63）。真木大堂の名で知られ、木造阿弥陀如来坐像、木造大威徳明王像、木造不動明王立像・二童子像（いずれも国重要文化財）を祀る。

馬城山の初見は「建武注文」であるが、「安貞目録」にある次の記述は注目される。

喜久山　本尊丈六皆色阿弥陀如来　丈六不動　同大威徳明王　種々勤等中絶

ここに記された仏像は、大きさや組み合わせからして、現在真木大堂に安置される仏像であることは間違いない。真木大堂の北側一帯は、近世には菊山村とされ、桂川の支流である聞山川の奥には今も岩屋がある。しかし、岩屋の大きさは真木大堂に伝わる仏像が収まる大きさではないことから、『豊後高田市史』で飯沼賢司が指摘したように、喜久山と馬城山伝乗寺と別個の存在というよりも、馬城山は喜久山を再建した寺院であり、「建武注文」にある聞山岩屋は右で触れた岩屋が故地と考えられる。

さて、真木大堂の仏像は、ほかの六郷山寺院と異質のもので、巨大で都の仏師が製作したとみられる仏像である。渡辺文雄によると、これらの諸仏は十一世紀の作とみられ、その製作には特別な契機があったと考えられている。この特別の契機について、飯沼賢司は前で触れた弥勒寺の新宝塔院建立を想定しているが、いずれにしても喜久山とそこに安置された仏像は宇佐宮・弥勒寺と深い結びつきがあったことがうかがえる。そのため、治承・寿永の内乱の後、宇佐宮・弥勒寺の勢力が後退すると、喜久山も「種々勤等中絶」という状況になったのであろう。

なお、真木大堂は宇佐宮領田染荘の拠点というべき桂川流域に位置している。このような立地からしても、真木大堂はほかの六郷山寺院とは異なる存在ということもできようが、前述したように本来六郷山寺院は宇佐宮・弥勒寺の荘園と相対する存在でなかったことをふまえると、真木大堂はそうした六郷山寺院と宇佐宮・弥勒寺との関係を端的に物語る寺院とみなされる。

富貴寺（蓮花山富貴寺）

豊後高田市大字蕗に所在し、桂川の支流である蕗川左岸に位置する（後掲の図63）。一二二三（貞応二）年の「宇佐公仲寄進状案」には「蕗浦阿弥陀寺」とあり、宇佐宮累代の祈願所と記されている。ここから、富貴寺は修行の場から展開した寺院、すなわち本来の六郷山寺院ではなく、いわゆる「荘園の寺」の一つと考えられる。そのため、十二世紀代から所在する寺院であるにもかかわらず、六郷山寺院としては「建武注文」にはじめて登場し、高山の末寺とされている。

参道は蕗川から伸び、石段を上がると右手に本堂・庫裡があり、それを過ぎると正面に大堂がある（図54）。現在大堂のある平坦面には国東塔のほか、仁治二年（一二四一）銘や文永六年（一二六九）銘の石造笠塔婆などの石造物がある。大堂に向かって左手の石段を登ると白山社（旧六所権現）があり、大堂に向かって右手の石段を登ると奥の院にあたる薬師岩屋がある。この薬師岩屋手前の緩斜面からは越州窯系の陶製経筒（図55）が発見されており、富貴寺の裏山にも経塚が築かれ

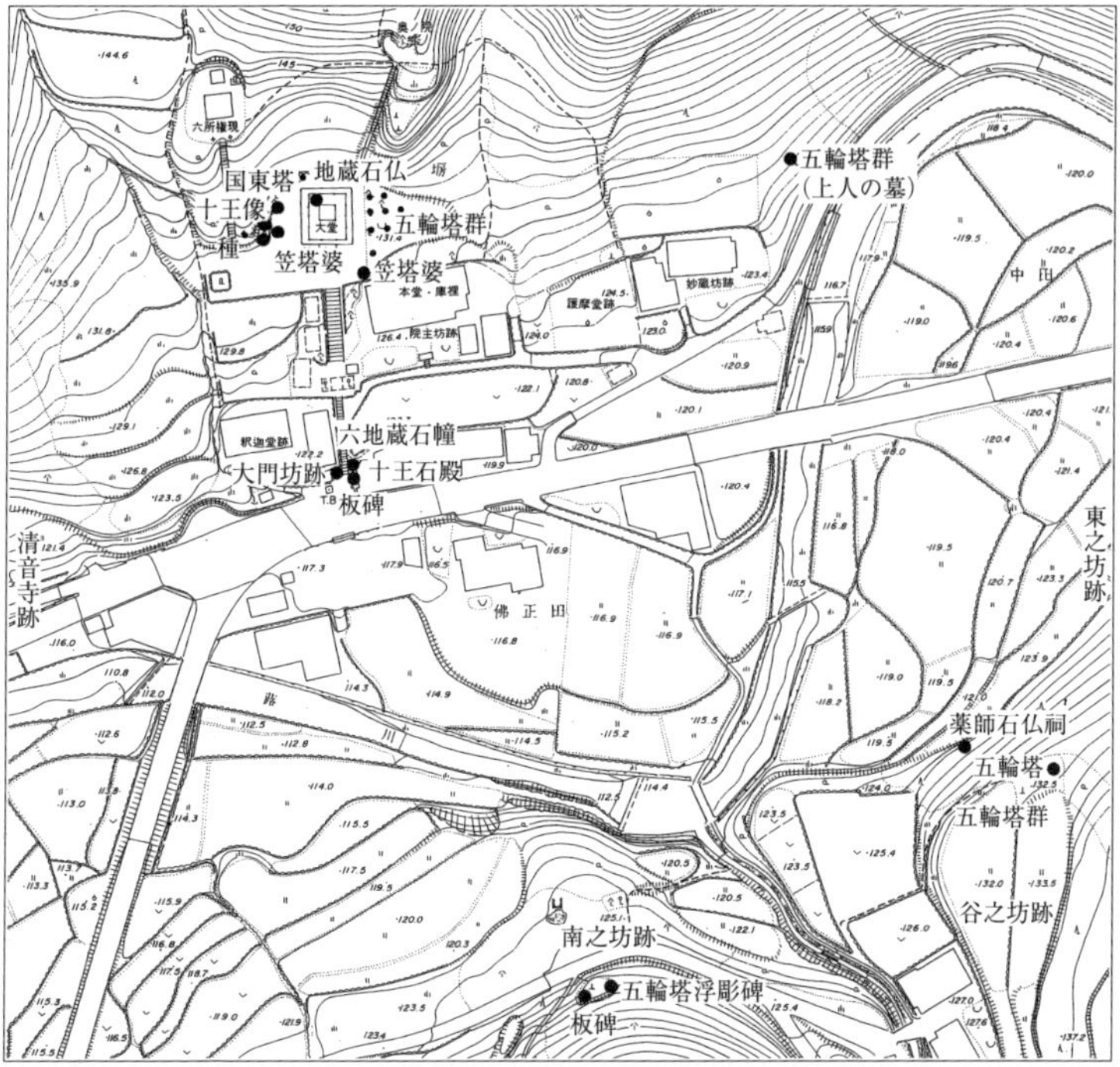

図54　富貴寺周辺図

ていたことがうかがえる。

さて、富貴寺大堂は、数少ない平安時代の阿弥陀堂建築として国宝に指定されている。この堂は十二世紀に建てられたとみられ、正面三間・奥行四間、宝形造本瓦葺の外観をとり、内部には極楽浄土の姿を描いた壁画がある（図56）。近世の記録である「大堂記」（富貴寺蔵）によれば、何度か大堂は修理されたことが記され、なかでも一三五三（文和二）年の修理の際の棟木銘には「上棟今成長棟」とあり、この段階で現在のような宝形造ではなく、棟のある屋根に改造された可能性がある。ただ、江戸時代後半までに屋根は宝形造になっており、その始まりは不明であるが明治末の解体修理までは覆屋がかけられていた（図57）。

図57　明治末の覆屋がかけられている富貴寺大堂

図55　越州窯系の
陶製経筒

図56　富貴寺大堂内部

この富貴寺大堂のような形態の阿弥陀堂建築は、中尊寺金色堂（岩手県）が有名であるが、これらはもともと間断なく阿弥陀のことを念じ、阿弥陀の周囲を巡る常行三昧を行うための比叡山常行堂と密接にかかわって成立したため、本尊の周囲を巡ることができる形をとる。山岸常人はこうした阿弥陀堂の形態には、次のようにいくつかのバリエーションがあることを示した。

①前面に孫庇をつけるもので、代表的な遺構としては鶴林寺太子堂（兵庫県）がある。

②母屋の奥行を長くして長方形の平面となるもので、三千院本堂（京都府）などがこれに属する。

③母屋と庇の柱が直線上にならないもので、大宝寺本堂（愛媛県）などがある。

富貴寺大堂の場合、本尊を安置する内陣は正方形だが、内陣部分の前面二本の柱は、庇の柱と直線に並ばず、建物プランは正面三間・奥行四間の長方形の平面であり、右の要素が重なり合う形態をとっている（図58）。山岸によれば、こうした富貴寺大堂の不整形というべき平面プランは柱の位置と無関係に梁などの部材が組まれることで達成されたものであり、この技法は十三世紀以後の仏堂に広くみられることから、富貴寺大堂は進歩した技法を取り入れた阿弥陀堂建築と位置づけられている。なお、富貴寺大堂の内陣の床下には大石と穴がある。その詳細は不明だが、山岸は中尊寺金色堂などの阿弥陀堂が墓堂であることをふまえると、富貴寺大堂もまた墓堂であった可能性があると指摘している。

六郷山の場合、「安貞目録」に記された本尊をみると、宇佐に近い本山に属する寺院では薬師如来を、そのほかでは観音を祀るものが多い。実際、「安貞目録」の末尾には「顕宗の学侶は観

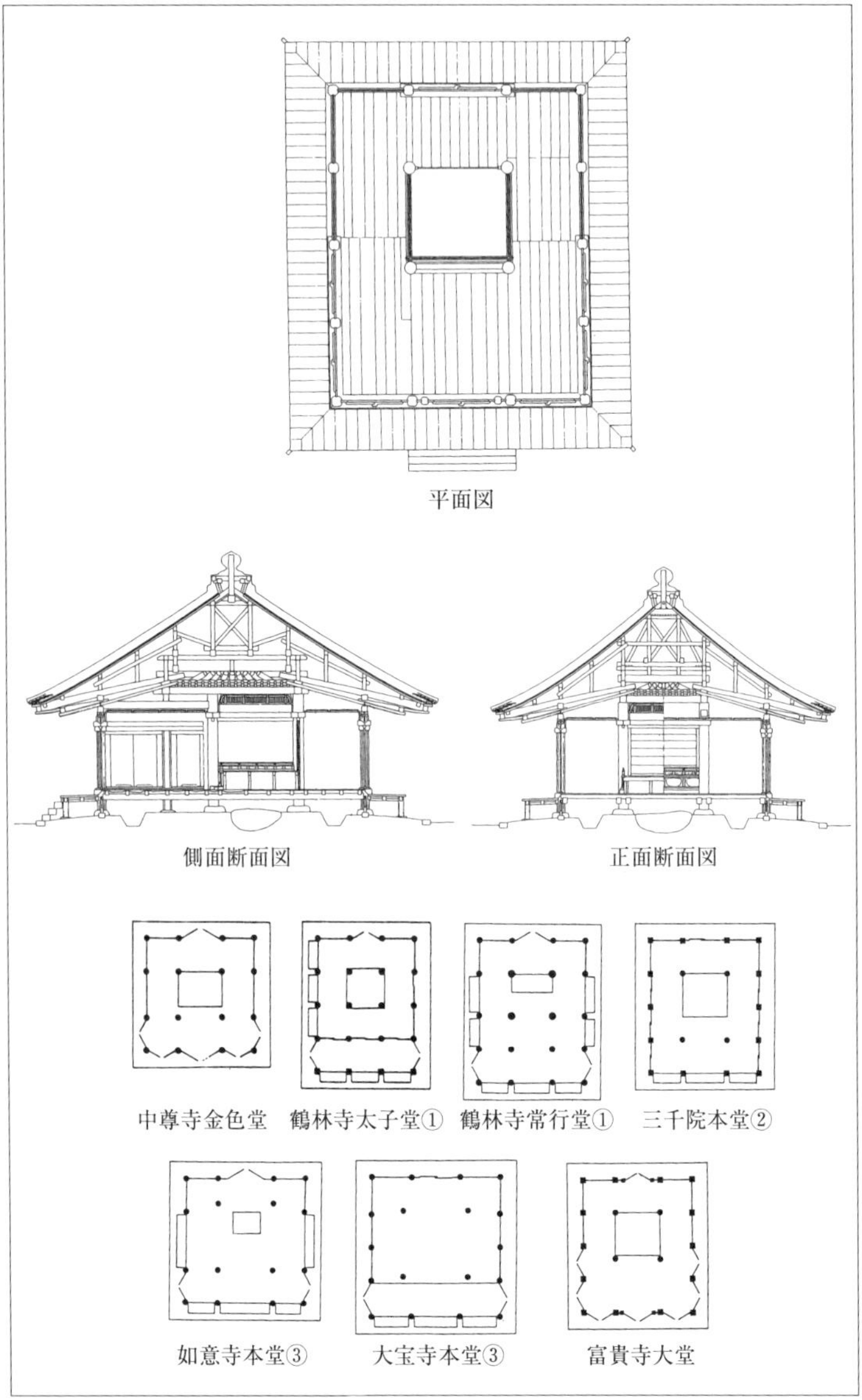

図58　富貴寺大堂平面図・立面断面図（山岸常人氏作図）

音・医王の宝前に跪き一乗妙典を開講し、仏賢を増す（原漢文）」とあり、観音菩薩と薬師如来が重視されたことがうかがえる。阿弥陀如来を安置するものは少なく、堂自体が阿弥陀如来を観想するための施設としてつくられた富貴寺は、真木大堂と並んで六郷山のなかでも異質の寺院といえるだろう。

（五）六郷山の伽藍と堂宇

以上では、六郷山の各寺院の具体的な姿をみてきたが、ここで六郷山寺院の伽藍配置と堂宇の特徴を整理しておきたい。

まず、六郷山の拠点寺院の伽藍配置で最も多いＡでは、栗田勝弘が示したように講堂・本堂の配置などでの細分が可能であるが、基本的に麓側から坊→本堂→講堂→鎮守・奥の院と建物が並ぶことがわかる。次にＢやＣについては各寺によって異なる構造をとり、とくに、Ｃは奈良時代から所在した寺院や中世末から近世に六郷山寺院となった寺院であり、修行の場から展開したという六郷山の歴史をふまえたとき、いわば異質の寺院である。

そこで、主としてＡとＢに属する六郷山寺院を総覧すると、寺院の主要施設であり不可欠の要素として挙げられるのが、奥の院・鎮守・講堂・本堂である。

奥の院

このなかで、まず注目されるのは奥の院である。ただ、両子寺奥の院がそうであったように、奥の院というよび名は当初からのものではなく、歴史的に形成されたものと考えられる。基本的に各寺院の伽藍の最奥部に立地し、なかには文殊仙寺や両子寺のように懸崖造の堂を備える寺もあるが、崖にうがたれた岩窟が所在する地をいう。その立地から、奥の院は当初弥勒寺僧らが修行の場とした地であることがうかがえ、六郷山寺院はこうした岩窟を出発点とする寺院ということができよう。

なお、現在国東半島には信仰の場として石仏などを安置するものの、建物をともなわない、もしくは小規模な建物が建つ岩窟が数多くある。それらは切り立った岩山の麓などに単独で所在し、前で紹介した寺院のように付属する堂宇はない。そのなかには朝日岩屋・夕日岩屋（豊後高田市）・三十仏（国東町）など、「安貞目録」から確認されるものが少なくない。自然が生み出した神秘的な姿の岩山が広がる地は、人びとにとってまさに「大魔所」あるいは「天魔之楼」であり、聖なる地であった。そうした聖なる地にうがたれた数多くの岩窟は、信仰の場あるいは修行の場とされ、六郷山寺院はそうした岩窟のうち、地形などさまざまな条件から選ばれて整備されたものということができる。

講堂と本堂

六郷山寺院の遺構のなかで次に注目されるのが講堂である。「安貞目録」には、六郷山の各寺院の本尊と営まれた法会が記されている。これを一八三八（天保九）年に完成した地誌『太宰管内志』にある六郷山寺院の描写と比較すると、「安貞目録」に本尊と記された仏は、多くの場合講堂に安置されていたことがわかる（表2）。すると、現在は本堂が各寺の営みにおいて中心となる施設であるが、中世までは講堂が各寺の中核施設であったことがうかがえる。

現在、六郷山寺院で講堂が残るのは智恩寺・天念寺・清浄光寺・丸小野寺・瑠璃光寺・岩戸寺の六カ寺である。棟札や柱に残る墨書などの諸資料から、建築年代がわかるのは一七〇八（宝永五）年の丸小野寺と一八八三（明治十六）年の瑠璃光寺である。そのほかの寺について、六郷山の建造

表2　六郷山寺院の本尊

	「安貞の目録」		『太宰管内志』		
本山分	後山岩屋	薬師如来	金剛寺	薬師堂	
	伊多井社	妙見大菩薩			
	吉水寺	無量寿如来	霊亀寺	不詳	
	津波戸石屋	千手観世音菩薩			
	大折山	聖観音	報恩寺	寺 講堂	釈迦如来 十一面観音
	鞍懸石屋		神宮寺	不詳	
	高山寺	薬師如来、観世音菩薩	高山寺	不詳	
	間戸石屋	薬師如来	間戸寺	不詳	
	喜久山	丈六阿弥陀如来、不動、大威徳	十恩寺	不詳	
	不動石屋	不動	伝乗寺	本堂	不動威徳明王
	大日石屋	大日			
	辻小野寺	千手観音	西明寺	不詳	
	大谷寺	十一面観音	大谷寺	不詳	
	知恩寺	薬師如来	智恩寺	講堂 寺	薬師如来 観世音菩薩
惣山	屋山寺	千手観音、阿弥陀三尊、不動尊	長安寺	寺 講堂	不動尊 薬師・観音
中山分	長岩屋	観世音菩薩	天念寺	寺 講堂	不動明王 観世音菩薩
	龍門石屋	千手観音			
	虚空蔵石屋	虚空蔵			
	黒土石屋	馬頭観音	本松院	不詳	
	四王石屋	四天王			
	小岩屋山	薬師如来	無動寺	寺 講堂	不動明王 薬師如来
	大岩屋	千手観音	応暦寺	寺 講堂	不動明王 正観音
	夷岩屋	千手観音	霊仙寺	寺 講堂	不動明王 千手観音
	西方寺	延命観世音菩薩	西方寺	寺 講堂	不動尊 延命観音
	千灯岩屋	千手観音	千灯寺	寺 講堂	不動明王 弥勒菩薩・観音
	五岩屋	不動尊			
	岩殿岩屋	薬師如来			
	枕岩屋				
	銚子岩屋				
	瀧本岩屋				
	大嶽寺社	薬師如来	神宮寺	寺 講堂	不詳 ※1
末山	両子寺	薬師如来、千手観音	両子寺	不詳	
	小城寺	六観音	小城寺	不詳	

・本表では、尊名の記載の在り方が不統一の所もあるが、これは原史料の記載に従ったためである。また、『太宰管内志』では、本堂を「寺」と記することが多く、ここでもその表記に従った。
・なお、『太宰管内志』の箇所で不詳とした所は、講堂などの堂舎の存在が不詳もしくは堂舎に祀られている尊名が不詳であることを示し、空欄のない所は記載のない寺院である。
※1「講堂は寺より半町にあり、其處に薬師堂観音堂あり」と記されている。

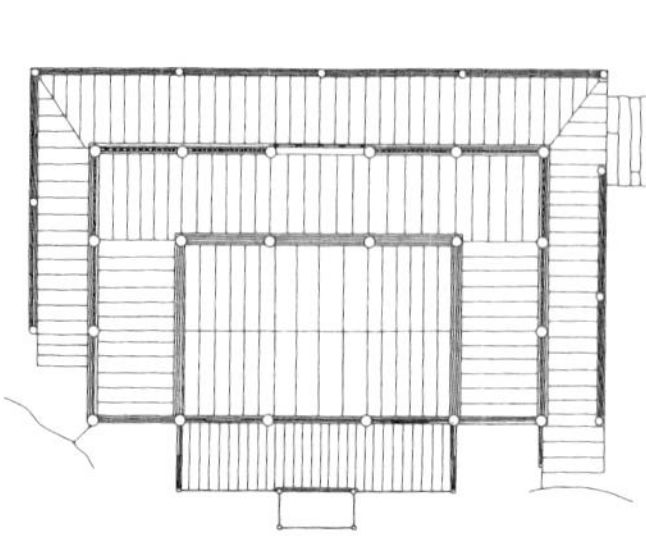

両子寺本堂（奥の院、19世紀半ば）

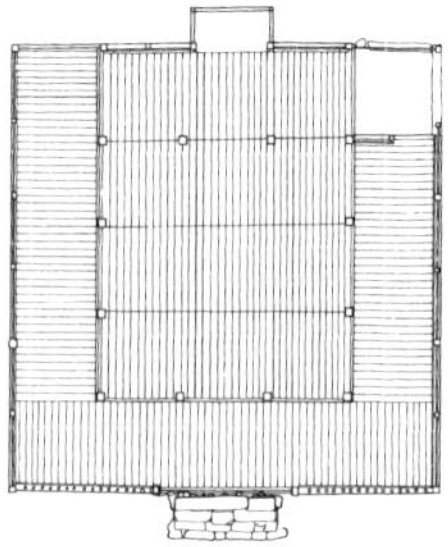

智恩寺講堂（18世紀半ば頃）

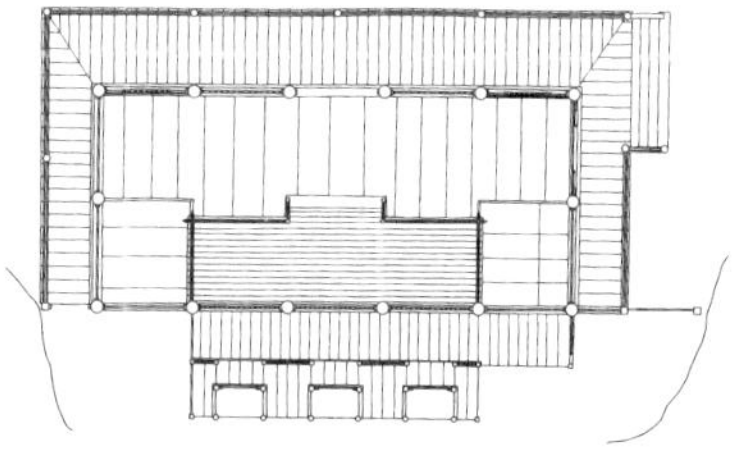

文殊仙寺本堂（奥の院、19世紀半ば）

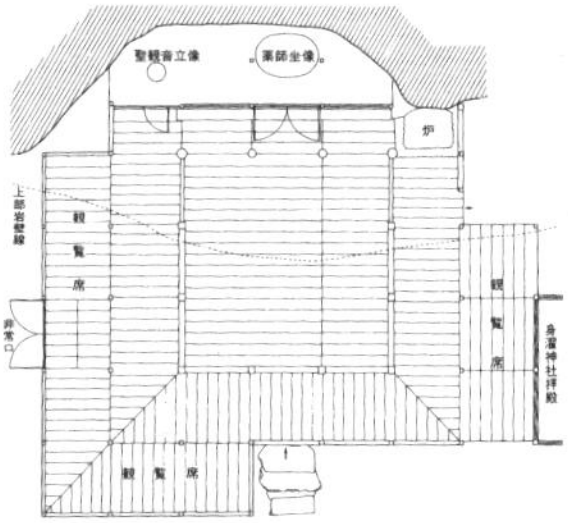

天念寺講堂（19世紀前半）

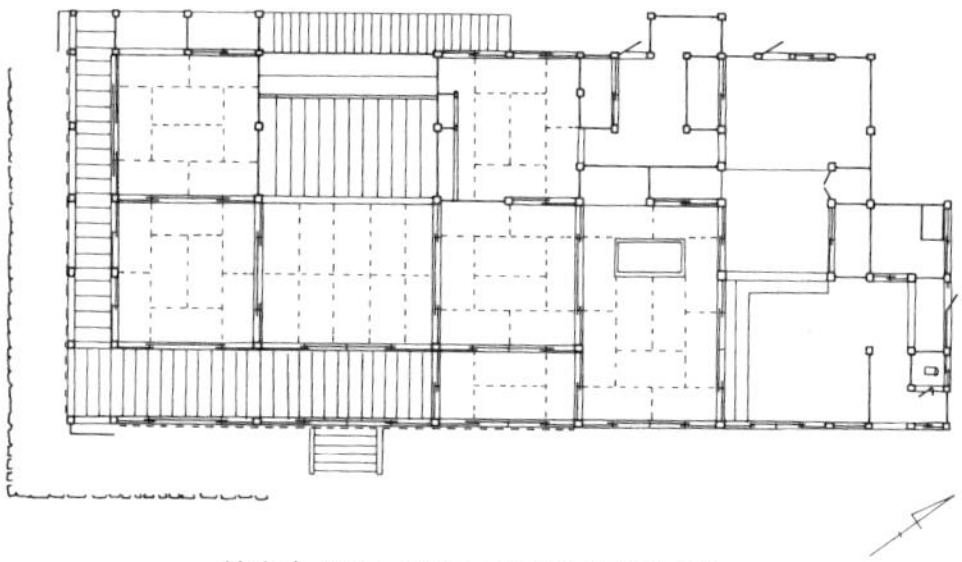

神宮寺本堂・庫裏（天明4〈1784〉年）

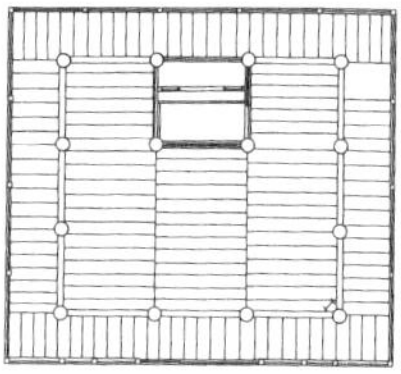

清浄光寺講堂（19世紀半ば）

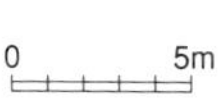

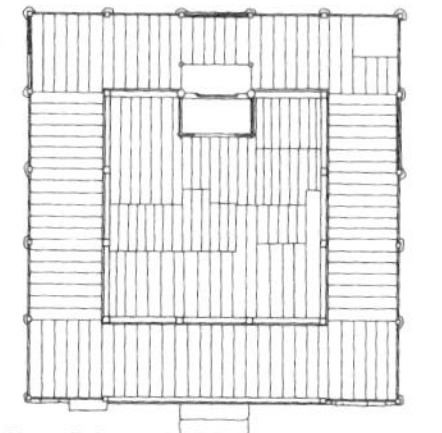

岩戸寺講堂（19世紀半ば）

図59　六郷山寺院の堂宇平面図

物を調査した青山賢信は、智恩寺が十八世紀中頃、天念寺が一八三〇（文政三）年頃、清浄光寺が一八三七（天保八）年～一八五三（嘉永六）年の間、そして岩戸寺が一八五三年をあまりさかのぼらない時期の建造としている。

こうした現存する講堂のうち、清浄光寺講堂は別の場所から移されたものであり、本来講堂としての建物ではなかったとみられる。そのほかについてはいずれも宝形造に近い短い棟をもつ寄棟造の堂で、三間四方の母屋のまわりに一間の庇を巡らした、五間四方の形態をとり、母屋の背面中央に仏壇を設ける形態を基本とする（図59）。こうした内部構造は、富貴寺大堂と同じく常行堂形式に属するものであり、五間四方という規模は発掘調査が実施された両子寺講堂跡などと共通する。このことから、現存する講堂は近世以後の建築であるものの、それ以前の六郷山寺院の面影を伝えるものと考えられる。なかでも、岩戸寺講堂は現在も茅葺きの屋根のままであり、かつての六郷山寺院の講堂の姿をよくとどめている（図60）。ただ、前述したように、六郷山では阿弥陀如来を安置するものは少なく、講堂には薬師・観音などが安置されたことからすると、六郷山の講堂が富貴寺と同じような常行堂型式を採用した理由はどこにあるのだろうか。この点について、明確な解答となる諸資料はないが、現在も講堂で行われる、春をよぶ行事である修正鬼会が注目される（図61）。

かつて、修正鬼会は六郷山の各寺院で行われていたが、現在は天念寺が旧正月七日に行い、半島東部の岩戸寺（旧正月五日）と成仏寺（旧正月七日）が隔年で実施するのみである。修正鬼会の歴史を検討した飯沼賢司によれば、この行事は修正会と鬼会が一体化したもので、近世に生まれたも

図60　岩戸寺講堂

のだという。さらに、六郷山の諸史料をみると、少なくとも修正会は十二世紀代に、鬼会は十四世紀代に行われていたことが確認され、このうち鬼会は十三世紀後半の蒙古襲来のなかで、修正会でみられる鬼走りが独立した行事として成立した可能性が指摘されているともいう。鬼会の成立については なお謎が多いが、中世から六郷山寺院の重要な法会であったことは間違いない。

この鬼会では、鬼が会場となる講堂のなかを巡る鬼走りという作法がある。この作法は鬼会において不可欠の作法とされることから、講堂は鬼が堂内を巡るために、常行堂型式が採用されたと考えられるのである。以上のことは推測の域にあるものだが、六郷山寺院の講堂は、ほかの寺院ではあまりみられない常行堂形式を採用している点で国東独特の建造物ということはできよう。

一方で、現在本堂とよばれる建物は堂に棟続き

図61　修正鬼会

で庫裡がいっしょにあるものが多い。建築年代については、宝命寺（武蔵町）本堂が一七七四（安永三）年と最も古いが改造が大きく、次いで一七八四（天明四）年の神宮寺本堂（前掲の図59）となる。堂と庫裡がセットになるため、間口が長い建物となる。最大は長安寺本堂で間口一五・五間に及ぶ。

ところで、これら本堂は長安寺では本坊というよび名が残り、岩戸寺では大門坊跡とよばれる地に本堂が建つ。あるいは、前述したように中世までは講堂が中核施設としてあったことからすると、本堂は僧侶の居住空間である坊が発展したものと考えられる。こうした本堂がいつ頃に成立したのかは明確でないが、中世末から近世のことと推測される。

鎮守　六郷山寺院のほとんどに、鎮守六所権現が所在した。中野幡能によれば、六所権現は比売神《ひめがみ》・大帯姫《おおたらしひめ》の二神と隼別皇子・大葉枝皇子・小葉枝皇子・雌鳥皇子の宇佐若宮の四神を祀るという。しかし、明治期に作成された『神社明細牒』をみると、六郷山寺院の鎮守であった六所社で祭神として伊弉諾神《いざなぎのかみ》などを記す社は多く、祭神は一定ではなかったことがうかがえる。ただ、六所権現の名は「安貞目録」にもみられ、中世から六郷山寺院の鎮守として崇敬されていたことがわかる。

この六所権現は明治時代の神仏分離以後、身濯神社などに名を変えたところも多く、社殿を伝えていないところも少なくない。それでも、長安寺や旧千燈寺の参道入口には鳥居がいまもあり、こうした景観は、明治時代以前まで各地でみられた神仏習合の様子を伝えるものとして貴重である。

（六）六郷山寺院とムラ

さて、六郷山寺院の伽藍配置や堂宇にかかわって注目されるのが、末坊の分布である。僧侶の居住地である坊は、前述したように境内地に隣接する形で所在するが、長安寺や天念寺などのように、坊が寺の所在地から離れた地に点在する場合がある。

「建武注文」にみられる各寺の四至を地名調査などによって地図におとすと、それは寺の所在地をはるかにこえて、一定のエリアに分布することがわかる。長岩屋の例が鋭く示しているように、そこには末坊などが分布し、居住者すべてを住僧として広義の境内地という論理をとっている。実際、現在も山内《さんない》（天念寺・両子寺・文殊仙寺）あるいは坊中（霊仙寺）といった地名が残る地も少なくない。

中世の六郷山において、各寺の所領は払という独特の編成単位をとり、実際には「荘園」として把握されるべき存在であった。しかし、天念寺の例が端的に示しているように、一定のエリアを「寺の境内」として論理づけており、鎌倉時代の大田文に六郷山寺院領の記載がまったくないことは、表面上は寺というポイントで把握されていたことに由来するものと考えられる。中世の六郷山寺院においては、寺とムラは一体のものであり、寺の行事はすなわちムラの行事となった。春をよぶ行事である修正鬼会で、ムラの人びとが松明の製作など、さまざまな役を務める在り方は、中世の六郷山寺院による地域支配の在り方を受け継ぐものといえる。また、前述したように、六郷山寺院が所在する谷では現在の集落が坊を起点とする地が少なくない。豊後高田市長岩屋地区や加礼川地区、夷地区はその典型と位置づけられる。

山間にたたずむ六郷山寺院、その周辺の谷には耕地が広がり、山裾には集落や五輪塔などの石造物が所在する景観は、とくに国東半島中心部近くでみられる景観である。たしかに、圃場整備などによって耕地の地割は変化しているものの、集落や耕地の分布は基本的に過去の姿を受け継いでいる。いわば、六郷山寺院周辺の何気ない山間の景観は、中世の面影を残しているのである。六郷山寺院自体が、少なくとも平安時代以来信仰の場として存続してきた地であり、国東半島の典型的な信仰の原風景といえるが、その周辺の景観自体もじつは国東半島の原風景なのである。

Ⅳ　田染荘

本章では、国東半島の代表的な荘園村落遺跡である田染荘を取り上げたい。

国東半島の荘園のなかでも、田染荘は豊富な文献史料があることから、九州の荘園研究において古くから注目されてきた荘園の一つであった。とくに、蒙古襲来の後にだされた神領興行法《しんりょうこうぎょうほう》――一度神社の手を離れた所領をふたたび神社に戻す法令――にかかわる史料が多く、神領興行法の舞台として多くの研究が蓄積されている。また、田染荘の領域には富貴寺や真木大堂、熊野磨崖仏と半島を代表する文化財があることから、その名は意識しなくても観光で国東を巡る人はかならず田染荘を訪れているといってもよい。

こうした田染荘が、荘園村落遺跡として広く知られるようになったのは大分県博が一九八一（昭和五十六）年から一九八六（昭和六十一）年に実施した第一次国東半島荘園村落遺跡詳細分布調査（以下、田染荘調査とよぶ）によってであった。この調査は、一九六〇年代から始まった圃場整備事業に対処するために始まった調査であった。そこでは、圃場整備の対象となる水田を含む現在のムラの景観自体を過去の人びとの営みが刻みこま

図62　田染荘位置図

れた「遺跡」として位置づけ、考古学的手法の分布調査を基礎としながら、現況の記録保存と現代から遡及的に村落景観の復原が行われたのである。その調査成果は注目をあび、田染荘調査は以後各地で行われた荘園調査の先鞭となった。また、前で紹介した竹田川下流域の調査など、圃場整備事業にともなう緊急調査でも、この調査の視点や手法が援用された。

以下では、まず田染荘の概要と歴史について触れ、次に荘園村落遺跡として注目される地を紹介していくことにしたい。

1　田染荘の歴史

(一) その前史

国東半島西部に位置する田染盆地は周防灘に注ぐ桂川の中流域にあり、桂川とその支流である小崎川や熊野川などによって形成された盆地である(図62)。律令制の下で、半島に設けられた郷のうち、唯一内陸部に所在する郷である。

田染盆地のうち上野地区の発掘調査によれば、この地区では縄文時代後半から人びとの定住が確認でき、弥生~古墳時代には桂川の自然堤防上に

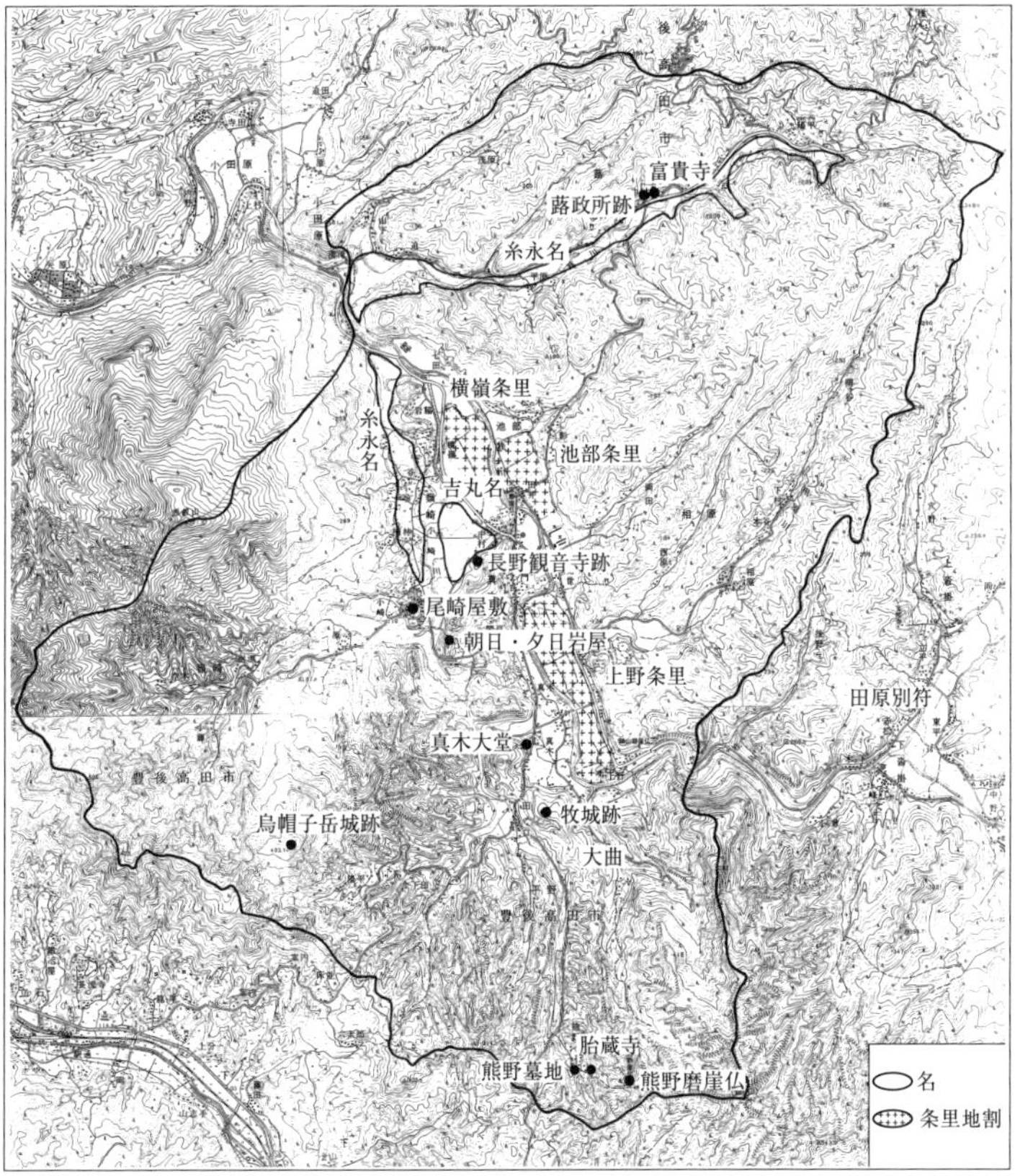

図63　田染荘遺跡分布図

集落が形成され、近接する後背湿地では稲の栽培も行われていたことが確認されている。また、盆地中央部の桂川左岸の自然堤防上にある戸原台は、弥生時代から開発の拠点となる集落の故地として古くから注目された地であり、圃場整備にともなう発掘調査で大型竪穴住居跡が検出されている。ちなみに、この戸原台では明治時代に湖州鏡が出土していることから、拠点というべき集落が鎌倉時代頃まで存続したことがうかがえる。

　田染盆地は谷の沖積地にく

らべて比較的安定した地であり、盆地の中心である桂川流域には上野条里・横嶺条里・池部条里といった条里地割が確認されている（図63）。これらの条里地割は基準線がほぼ同じで、真北から約三〇度西にふっている。上野地区では、三町×一〇町ほどの地割が確認され、八世紀後半～九世紀に整備されたとみられる。田染郷がおかれた後に断続的に整備され、鎌倉時代の豊後国大田文に本郷と記された地はこうした条里地割がある桂川流域を指すものと考えられる。

こうした田染盆地の条里は、上野条里が鍋山井堰、左岸の横嶺条里が大井手井堰と、基本的に単一の井堰によって灌漑されている。ただし、用水の供給は不安定であったとみられ、条里地帯の完全な水田化はむずかしかったと考えられる。後述するように「豊後国大田文」で「本郷四十町」とあることは、こうした状況を示すものといえる。

（二）田染荘の成立と展開

宇佐宮領田染荘は、こうした田染盆地一帯とその北にある蕗川が流れる谷を領域とする荘園である。その成立年代は不明であるが、後述するように田染荘の周縁部を開発した田原別符が一一五六（保元元）年に成立したことから、少なくとも十一世紀前半には成立していたとみられる。

鎌倉時代前期に編纂された宇佐宮領荘園の台帳というべき『八幡宇佐宮神領大鏡』（宇佐神宮蔵、以下、「神領大鏡」とよぶ）によれば、一〇〇カ所を超える宇佐宮領荘園は三つのグループに分けられるという。一つめは、奈良時代に宇佐宮に与えられた封戸《ふこ》から始まる荘園である。これらは十郷三箇荘《じゅうごうさんかしょう》とよばれ、宇佐宮にとって根本となる所領である。とくに、十郷は豊前国宇佐・下毛郡および国東半島に位置し、封郷《ふうごう》ともよばれた。二つめは、十一～十二世紀に生まれた荘園で、本《ほん》御荘《みしょう》十八《じゅうはち》箇荘《かしょう》という。本御荘十八箇荘は、一定のエリアを領域とする、いわゆる一円所領で、宇佐宮にとっては十郷三箇荘とともに重要な所領である。三つめは、国々散在《くにぐにさんざい》常《つね》見名田《みみょうでん》であり、十一世紀半ばから十二世紀前半に整備されたもので、一円宇佐宮が排他的に権利を有する荘園ではなく、いわゆる半不輸の荘園である。

田染荘は本御荘十八箇荘の一つだが、「神領大鏡」には「佃一町用作四町一段」とあるのみで、成立の経緯や面積などの情報は記されていない。こうした記載は、本御荘十八箇荘とされた荘園のなかで非常に簡単なものである。前述したように、桂川流域では古くから開発の手が入っていたにもかかわらず、五町一反の面積しか記されていないことから、海老澤衷は宇佐宮が直接掌握した水田はわずかであり、田染荘は実質的に公領に近い存在であったと述べている。

むしろ、荘園領主である宇佐宮がかかわる開発は、旧田染郷の周縁部で行われた。その代表が田原別符（杵築市）である。「神領大鏡」によれば、一〇五七（天喜五）年、国東郡司などを務め、国東半島で勢力のあった紀氏一族の紀季兼は、田染盆地の東側にある桂川上流の谷の開発を宇佐宮大宮司に申請し、一一五八（保元三）年には面積五九町七段三〇代を数えた。この開発地は田原別符とよばれ、一一五八年から宇佐宮が一円排他的に権利を有する地となり、現地支配は紀季兼の子孫が代々行ったという。

なお、ここでいう田原別符の別符とは、公領や荘園を問わず特別の徴符《ちょうふ》（文書）によって徴税が行われるなど、通常と異なる徴税手続きが行われる地をいい、既存の公領や荘園の支配地とは別個に新たに開発された地などがある。このような地が名という単位で編成された場合には別名《べつみょう》とよばれ、数一〇町規模の規模をもつことが多い。また、別名をはじめとする別符の地は在地領主にとって基盤となる所領であり、こうした紀季兼による田原別符の開発に示される開発の在り方を海老澤衷は別名的開発と名付けた。

田染荘一帯で、このほかに別名的開発とされるものとして、田染盆地の北に位置する蕗川流域を中心に所在した糸永名がある。史料上、糸永名は十一世紀末から確認でき、その開発主体ははっきりとしないが、早くに宇佐宮政所惣検校益永氏一族に寄進されたと考えられる。十二世紀以後は田染荘内の名として登場し、鎌倉時代の大田文では、田染荘九〇町のうち、三〇町の面積を数えている。現地調査の成果によれば、糸永名の故地である蕗川流域は水の強い支谷をもち、基本的に灌漑体系に占める溜池の位置は高くないという。つまり、その開発にあたっては条里水田のように長大な水路をともなわず、溜池築造を必要としない地であった。

こうした田染荘一帯でみられる別名的開発について、海老澤衷は現地調査の成果をふまえて、次のような特徴を示した。

①条里地割のある沖積地から外れた河川の上流域や支流域にある。

②河川の水量が豊富で本流との合流点に若干の沖積地をもつ。

③開発の際、溜池の築造や距離の長い水路をともなう井堰を必要としない。

海老澤がいうように、右で挙げた特徴は全国で行われた別名的開発に適用できるわけではないが、一つの典型を示すものといえよう。

ところで、田原別符の場合、「神領大鏡」の記載には荒野を開発したと記されるが、その故地である桂川上流域では半島内陸部で鏡片を出土した

図64　田染荘域近世村界図

唯一の古墳である灰土山古墳や縄文時代後期に始まる集落遺跡が確認されている。すると、紀季兼による開発は耕地の水田化を含む地域の再開発という部分もあったとみられ、いわゆる別名的開発は、在地領主による荘園や公領の拠点地域から離れ、荘園領主などの開発の手が及び難かった地の再開発をともなうものであったことがうかがえる。

　なお、前述したように宇佐宮神職の益永氏一族によって開発された地であり、田染荘とは本来の開発主体が異なる。田染荘調査のなかで段上達雄は、こうした開発主体の違いは現在の鎮守の氏子の範囲の違いに残ることを明らかにした。旧田染荘域は近世には一六の行政村から構成されたが、このうち田染盆地一帯の村々は田染一宮や二宮、三宮のいずれかの氏子であり、糸永名の故地である蕗川流域の蕗村はこれら鎮守の祭礼にはかかわらず、富貴社のみの祭礼を務めるという（図64）。つまり、鎮守とその氏子の範囲は、過去の歴史をいまに伝える重要な「無形の歴史資料」ということができる。

（三）田染荘の名と開発

弘安六年に作成された「豊後国大田文」によると、田染荘は九〇町の面積を有する荘園であり、表3に大田文の記載を一覧にしたものを掲げた。前で触れた「神領大鏡」とは、大きく異なる面積がここに示されているが、宇佐宮による田染盆地の支配の進展を伝えるものといえよう。なお、大田文では田染郷と記されているが、これは前で触れたように律令制下の郷を起源とし、半ば公領として所在した田染荘の性格をよく物語っている。

表3でみたように、文献史料をみると荘園は税を収める単位である「〜名」によって編成されていた。この名をめぐっては、日本中世史において豊かな研究史が築かれているが、田染荘調査を担当した海老澤衷は、田染荘の名について文献史料と現地調査の成果をつきあわせながら名の復原を行った。以下では、こうした海老澤の研究をもとに田染荘の名と開発についてみていくことにしよう。

大規模名

まず海老澤によると、田染荘の名は大規模名と小規模名に分類でき、前者は糸永名など別名的な性格をもつもので、内部に小規模名を含み込む可能性があるものをいう。これは大田文に掲載される資格をもつものでもある。
一方で、小規模名は次のように細分される。

A史料上、十三世紀からその存在が知られるもの。

B鎌倉時代末から南北朝時代にかけて史料に姿をみせるもの。ただし、田染荘に関する史料が永弘家という一神職家のものにほぼ限られることから、右のAと同じ性格を有する可能性も否定できない。

C十五世紀以降に姿をみせるもの。

また、荘園における名は、その分布などの存在状況から、おおまかにいうと開発単位がそのまま一つの名として編成されたものと、散在名などとよばれる、零細な開発や寄進・売買によって集積された散在する耕地を台帳上一つの名として登録編成したものがある。田染荘でみると、まず大規模名には右の二つの性格を有するものがみられ、前で触れた糸永名は前者にあたり、後者の例としては吉丸名や弁分《べんぶん》とよばれる所領単位がある。

このうち、吉丸名は成立の経緯は不明であり、桂川左岸の字長野周辺にまとまって所在したが、多くは散在したことが推測される。大田文では北条氏一門の名越氏が領主としてあることをふまえると、鎌倉時代になってなんらかの政治的要因によって編成された名と考えられる。一方、弁分については大田文には登場しない所領単位であるが、諸史料に散見される所領である。乙咩政已の研究によれば、この弁分は宇佐宮領の場合祭礼の

表3　「豊後国大田文」に記載記載されている荘園一覧

田染郷	90町	宇佐宮領
本郷	40町	大蔵卿法眼有寛跡、小田原又次郎景春
吉丸名	20町	名越尾張入道
糸永名	30町	肥前国御家人曾禰崎淡路法橋慶増

費用をまかなう田地（料田）として既存の水田に設定されたものであり、田染荘以外にも半島東部の安岐郷などで確認することができる。安岐郷の場合は大田文にも記載があり、一つの開発単位が弁分として認定されたとみられるが、田染荘ではこれと異なる状況にあったらしい。

田染荘の弁分については二つのタイプがあり、一つは小崎川中流域に設定されたもので、強力な開発領主がいないもの、いま一つは規模の大きくない名が弁分として設定されたものである。前者は、田染荘の開発領主が開発を行い、重安名・永正名・末次名等の名主が開発したが、宇佐宮の対応が充分でなく複雑な様相を呈する。後者は税収システムも整備され所領単位の役割を果したが小規模であった。いずれにしても、弁分は糸永名などのように別名的な扱いをうけるような所領単位として展開せず、前述したように大田文にも記載がない。

小規模名

「宇佐神領次第注文案」によると、田染荘には二十三の名があったと記される。表4は諸史料にみられる田染荘の名を検出したものである。このうち、名の成立や展開をより具体的に知ることができるものとして重安名がある。

重安名は、諸史料から覚妙なる人物とその祖先が開発した耕地および屋敷であったとみられ、現地調査の成果からそれらは主として小崎《おさき》川流域に分布したことが確認された。こうした重安名の故地は、湧水や小規模な井堰によって灌漑される地が多く、大規模な土木工事を必要としない、水利上便利な地ということができる。小崎川流域では覚妙クラスの開発領主が複数所在したとみられ、重安名のほかに永正名や末次名に属した耕地や屋敷が分布したことが現地調査によって判明してい

表 4　田染荘の名の変遷（海老澤衷氏作製）

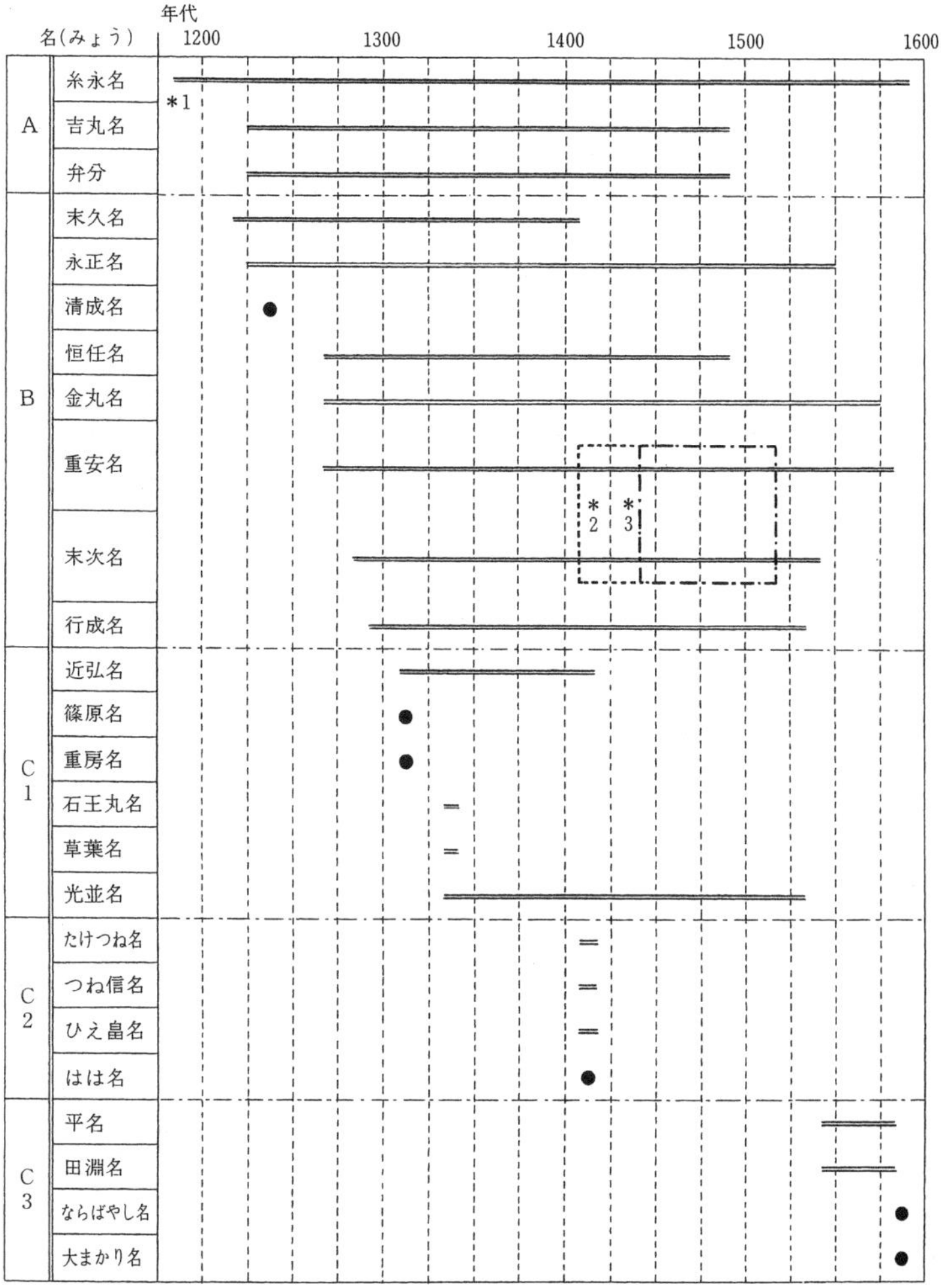

（＊1）初見は1104年
（＊2）応永24年７月10日段銭結解状
（＊3）正長２年９月18日重安・末次両名取帳

る。これによると、おのおのの名に属した水田は湿田あるいは湧水などによって灌漑される地であり、いわば水利上便利な地に開かれていたという。つまり、小崎川流域では突出した開発領主が存在せず、覚妙クラスの複数の開発領主によって水田などが開かれたと考えられ、各名の耕地と屋敷が散在する状況を呈することとなった。そのなかで、重安名とされる耕地や屋敷は覚妙によって統合されたものだが、文書としての権利は明確にされておらず、覚妙自身も宇佐宮の組織において確固とした地位にあったわけではない。覚妙の子供能重が宇佐宮御馬所検校になって、はじめて重安名は相伝の所領として認定されたのである。ただ、こうした小規模名は強固な体制であったわけではなく、つねに解体の危機をはらんでいた。重安名も能重と弟行信の間で争いとなって、行信が一部を支配することになり、やがて行信が糸永名の地頭であった曾禰崎氏の傘下となったことで、彼が支配した重安名は糸永名の一部となったのである。

こうした重安名のほか、鎌倉時代に確認できる小規模名は基本的に散在名であった。前述したように、田染荘での宇佐宮勢力の開発は桂川支流で展開したことをふまえると、小規模名のうち桂川流域にその遺称地が確認できるものについては、再開発を含めて零細な開発や買得や寄進などによって集積された耕地が名として編成されたものとみられる。一方で、蕗川や小崎川流域のような支流域では平安時代半ば以後に水田開発が本格化したということができる。このうち、小崎川流域は複数の開発領主が併存する形で開発がすすめられた地であり、諸史料から小規模名が群生する様相を復原できる点で重要な地でもある。

中世の開発

さて、田染荘の名は南北朝の動乱を経るなかで、重安名と末次名のように統合が図られたり、糸永名のように名に属する水田をすべて一町七段という統一した面積に台帳上分割する均等名編成が行われた。ただ、これらは支配システムの変化というべきものであり、このような名の統合などが新たな開発をともなうものであったのかは残念ながらはっきりとしない。しかし、桂川支流域での開発は断続的に行われたとみられ、それはかつて俗人の手が及び難い未開のヤマを開発するものであった。その一例が、後述する「おおまかり名」の成立といえるし、いま一例を挙げるならば、田染荘南西部の境界近くに位置する烏帽子岳南麓の平地区がある。この地は桂川支流の最上流部にあたり、現在は山間の小さな集落だが、集落内にある福寿寺には永享五年（一四三三）銘の磨崖国東塔とほぼ同時期の作である磨崖石仏がある。史料ではこの地の開発を明確に知ることはできないが、こうした石造物の存在からして、少なくとも十五世紀前半には開発の手が及んでいたことがうかがえる。このような点から、中世を通じて田染荘域では桂川支流の奥まで開発が進んでいたのである。

ところで、田染荘域は近世の行政村でいうと一六の村からなるが（前掲の図64）、このうち蕗村と菊山村を除く一四カ村について村絵図が残る。その裏書によると、これらの絵図は一六八九（元禄二）年に作成した絵図を一八三六（天保七）年に書写したものだが、各村とも土地利用については元禄二年段階と変化がないという（図65）。つまり、この村絵図は水田が茶色、畑が黄色、山が緑色で塗られており、土地利用の状況が端的に示されているが、ここに描かれている村の姿は基本的に元禄二年段階のものということができる。

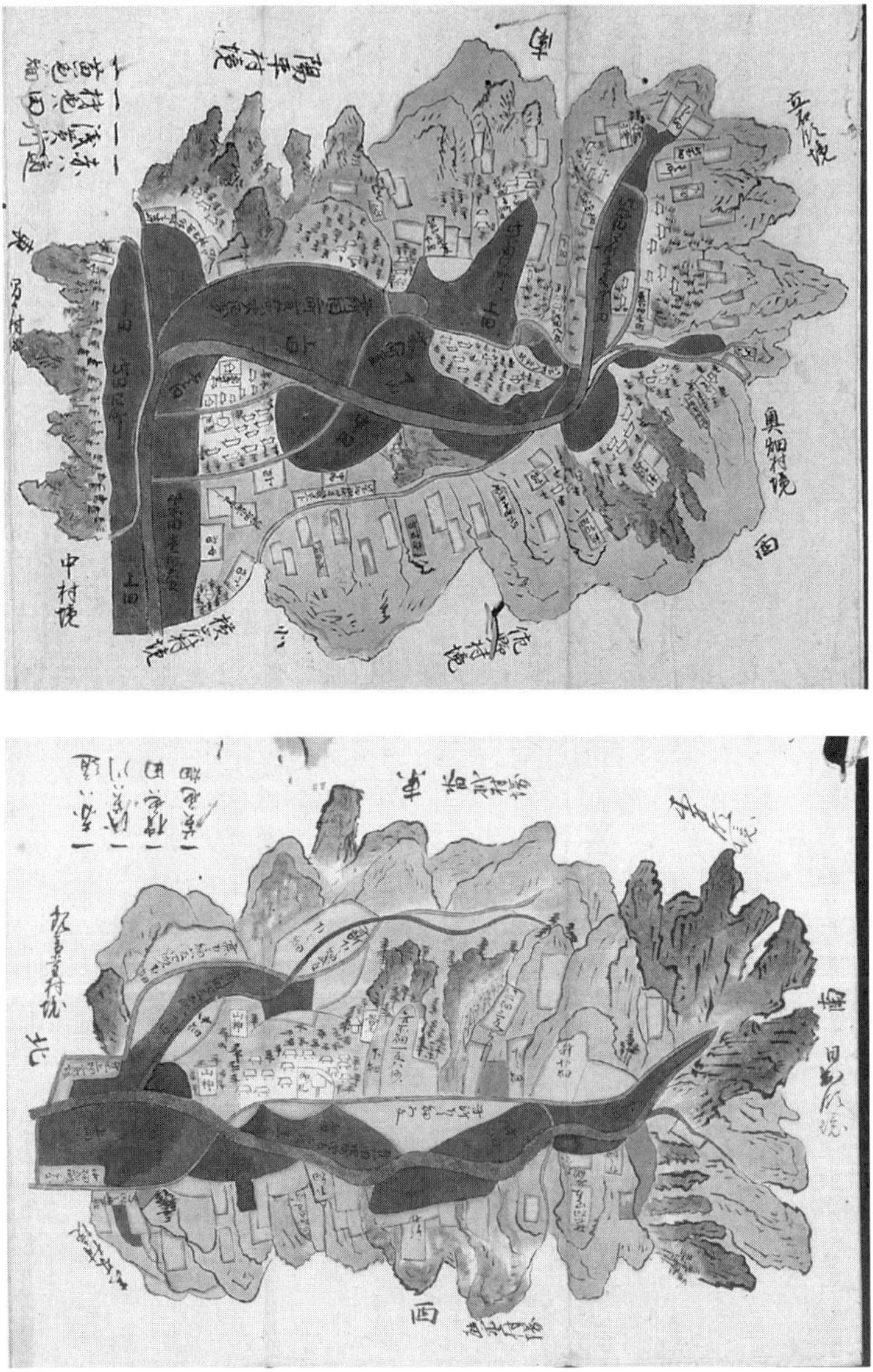

図65　天保７年の絵図（上：小崎村。下：大曲村）

こうした村絵図群をみると、十七世紀後半の田染荘域では桂川支流の奥まで水田が開かれていたこと、支流の多くで谷頭に溜池が築造されていたことが確認できる。すると、田染荘域では中世を通じて展開した桂川支流の開発をうけて、十七世紀後半までには多くの支流で谷頭に溜池が築かれていたことがわかる。第Ⅰ章で触れた水田開発のモデルでいうならば、田染荘域では十七世紀後半にはC段階に入っていたことがはっきりと確認でき、この時期に水田面積はほぼピークを迎えていたといえる。その後は、より安定した灌漑体系を生み出すための溜池築造が行われ、小崎川最上流部の空木池や蕗川下流部の小河内池の築造はそうした一例である。

（四）田染荘と田染氏

さて、こうした田染荘を支配した人びとのうち、その動向をかなり具体的に知ることができ、なおかつ田染荘の歴史にとって重要な役割を果たしたのが田染氏である。表5は、諸史料から田染氏の系譜をまとめたものだが、田染氏は宣基の代で一度途絶える形となり、宇佐宮権大宮司となった永弘重輔の子栄重があらためて田染氏を名乗っている。そのため、俗に宣基までを前期田染氏、栄重以後を後期田染氏とよぶ。

いわゆる前期田染氏の始まりは明確でないところがあるが、代々宇佐宮の若宮神主を務めた一族であった。本来、小崎川流域の松尾に拠点があったと考えられ、十三世紀半ばから田染荘で所領を集積したことが諸史料から知ることができる。そのなかで、重安名の名主一族であった能重の孫娘を妻とした田染定基は、子の忠基とともに一三一三（正和二）年〜一三一五（正和四）年に神領興行法にもとづく神領返還訴訟を一八件ほど起こ

表5 田染氏系図（海老澤衷氏作成）

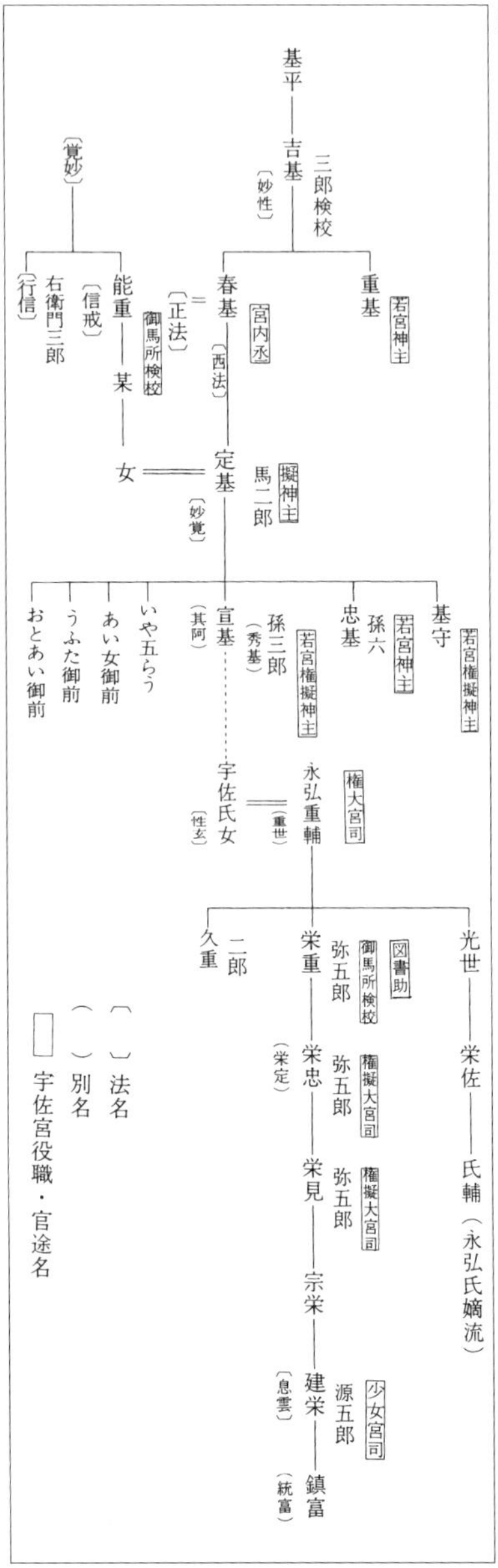

し、所領を集積した人物として諸史料に頻繁に登場する人物である。こうした訴訟の結果、定基は多くの耕地や屋敷を集積し、正和四年の「妙覚（定基の法名）所領配分状」（永弘文書、以下、「配分状」とよぶ）では七一筆に及ぶ水田・畠地・荒野が記載されている。このうち、名が明示されたものは四六筆で、糸永名や重安名など六つの名が確認できる。ただ、いずれも名の一部の耕地や屋敷を支配したに過ぎず、定基の所領は田染荘内に散在する傾向にあったが、唯一まとまって所領が分布した地が、台薗とよばれる地を中心とした小崎川流域であった。後述するように、「配分状」には定基の所領として台薗に所在した屋敷群が記されているが、そこには重安名の名主一族

であった尾崎右衛門三郎行信が支配した屋敷が含まれており、行信の拠点であったのが定基・忠基によって簒奪されたのであった。なお、海老澤衷はこうした台薗を定基らがおさえようとした理由として小崎川中上流域の開発と支配を確実に行うためとしている。

しかし、神領興行法による田染定基・忠基の所領集積は地域あるいは宇佐宮内においてさまざまな軋轢を生み出したとみえ、一三四〇（建武五）年、定基と忠基の所領は没収されることとなった。そのなかで、定基の孫にあたる「宇佐氏女（法名性玄）」が宇佐宮の要職にあった永弘重輔に嫁ぎ、定基の名誉回復運動を行った結果、重輔はその子栄重に田染荘内の永正名・恒任名などの所領を譲り、栄重は田染図書助を名乗った。ここに後期田染氏が始まり、栄重とその子孫は台薗に拠点を構え、田染荘の現地代官として荘園の経営を行うようになったのである。

こうした後期田染氏のうち、栄重の子栄忠は一四八三（文明十五）年には宇佐宮権擬大宮司となり、嫡流である永弘氏の力を抑え、宇佐宮内において神職家としての地位を築くことに成功したという。また、栄忠は永正名などのほかに重安名を所領とし、所領基盤の拡大と安定を図り、歴代のなかでも田染荘および宇佐宮において田染氏を揺るぎない存在として確立させた重要な人物である。

以上、ずいぶんと田染荘の概略が長くなったが、海老澤衷がいうように田染荘は動態的に名の在り方を復原できる点で注目される荘園である。そして、このことは地域の開発の歴史を具体的に知ることができることでもあり、ここに荘園村落遺跡としての田染荘の一つの特徴がある。

それでは、次に荘園村落遺跡として注目される地として、まず一定のエリアで中世のムラの姿を復原することができる二つの地区を紹介し、次いでムラの集合体というべき荘園の支配にかかわる遺跡をみていくこととしたい。なお、これらはいずれも、荘園制というシステムが政治・経済・文化などのあらゆる面に大きな影響を及ぼした時代の面影を今に残す遺跡といえる。

2　中世の面影

(一) 小崎地区

小崎地区は、桂川の支流小崎川の中流域に位置し、現在は豊後高田市大字嶺崎に属する。左岸の台地上に集落があり、周囲には水田が広がる。地区の東には切り立った岩山があり、ここに朝日岩屋・夕日岩屋という信仰の地がある。口絵の三頁目上段にある写真は、この夕日岩屋から小崎地区を俯瞰したもので、奥にみえる山は高山寺が所在したという西叡山である。

この写真にある台地上の集落が前で触れた台薗で、十四世紀前半には田染定基・忠基が支配した屋敷を構え、十五世紀以後はいわゆる後期田染氏の拠点となった地である。以下で触れるように、この台薗一帯はかつて尾崎とよばれ、近世の行政村である小崎村の名はここに由来する。また、小崎地区は田染荘調査によって景観の変遷を諸資料によってたどることができ、現景観の原型はすでに十四世紀前半には形成されていたことが明らかにされた。つまり、現在は何気ない農村の景観が広がるこの地区は、重要な「村落遺跡」なのである。

それではさっそく、現在から時代をさかのぼる形で小崎地区の姿をみていくことにしよう。

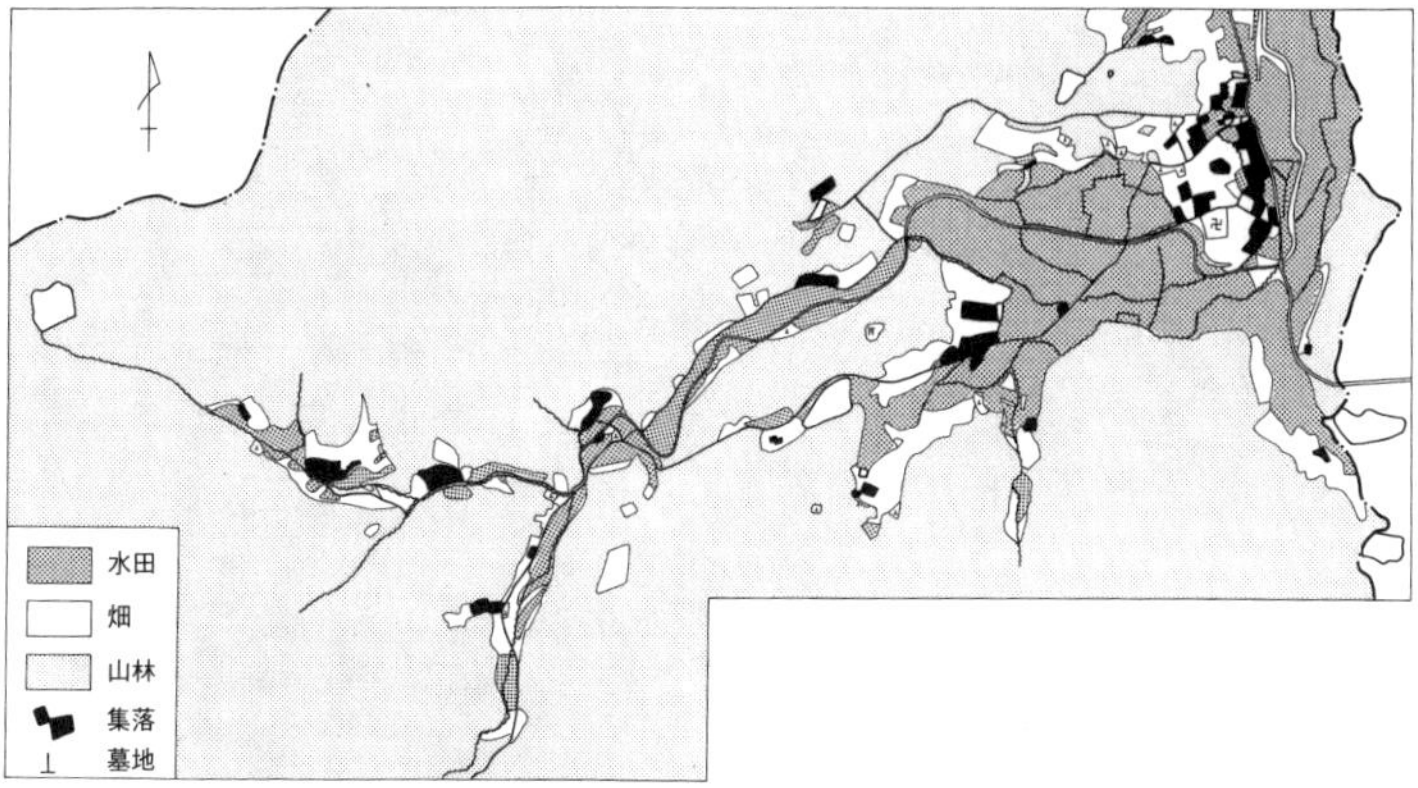

図66　近代初頭の小崎村主要部の様子（出田和久氏作図）

近世・近代の小崎地区

まず、一八八八（明治二十一）年の地籍図をみると、台薗に集落があり、小崎川沿いは水田になっている（図66）。大きくみると、現況とほとんど変わらない。ただ、集落の間に若干の耕地があること、現在は山林となっている小崎川左岸の丘陵に畑が所在すること、いまはない集落が山間の谷に所在することなどが違いとして挙げられる。

次に、近世の状況をみてみよう。前で触れた村絵図（図65）をみると、ここに描かれた土地利用の在り方や景観は、明治時代と基本的に変わりはない。台薗には一六軒の家と延寿寺、そして高札場が描かれ、台薗の周囲には水田が広がる。現況と異なる点は、一つに明治の地籍図でもみられるように、小崎川左岸の丘陵などに畑が点在することである。とくに、村絵図では短冊状に描かれており、すでに触れたようにこれらは焼畑あるいは切替畑とみられ、現況では確認できない山地利用の姿がわかる。あるいは、村絵図には小崎川右岸の水田のなかに池が描かれているが、これは明治の地籍図にない。現在、池の故地にあたる水田はキレイケというシコナ（小字内地名、図67参照）でよばれており、池の存在が地名としていまに残っている。これは、地名が歴史資料たることを示す典型であろう。このようにみると、畑や池の消滅などがあるものの、集落のまわりに耕地が広がるという現況景観が基本的には十七世紀後半から変化がないことが確認できる。

中世の小崎地区

それでは、一六八九（元禄二）年以前の小崎地区はどのような様子だったのだろうか。絵図のように視覚的に景観を伝える資料は残されていないが、田染荘調査によって小崎地区には正和四年（一三一五）六月付の「配分状」などの十四世紀前半の文献史料にみられる地名が現在も残されていることを確認しており、当時の景観を一定度復原することができる。

表6は、「配分状」にみられる地名のうち、小崎地区を含む現在の大字嶺崎において故地が比定できるものをまとめたものである。そして、図67はこれを地図で表現したものだが、これらの図表から台薗を中心とする一帯に「配分状」にみられる地名が多く残されていることがわかる。

とくに、台薗とよばれる台地上には屋敷の遺称地が集中するが、これは次のように三つのグループに分けることができる。

A　尾崎屋敷群――「配分状」で、「おさき」の名が冠される。このうち、「同いや三郎」および「同日五郎」の名は、正和二年（一三一三）六月二十二日付の「鎮西下知状」（永弘文書）に登場する尾崎弥三郎久澄と尾崎五

表6　大字嶺崎の故地比定の可能な地名

「配分状」にある地名	遺称地
かうた　　同名(末次名)	合田(小字名)
重安名おやま	オヤマ(小字内地名・井堰群名)
すゑつきの山口	ヤマノクチ(小字内地名)
ゆミきりの口新かい	弓切(小字名)
すゑつきミやうのうち　いけのうち	池ノ内(小字名)
たしふのしやうなかまさミやうのうち　あかさこ	赤迫(小字名)
おさきのミすミはたけ	ミスミ(小字内地名)
同(永正名)あまひき	あまびき(小字内地名)
すゑつきミやうのうち　いゝつかのくさは	イイヅカ(小字内地名)
同名(末次名)たゝらのはら	多々良(小字名)
おさきのミたうその　(尾崎御堂の園)	ミドオ(小字内地名)
糸永名松尾いやしき	ほりのうち(字松尾の小字内地名)
いつかのやしき	イイヅカ(小字内地名)
なかまさミやうのうち　かとのいやしき	カド(小字内地名)
ためのふのやしき	タネノブ(小字内地名)
柳かつほ	ヤナガツボ(小字内地名・井堰名)

※「柳かつほ」は、宝徳2（1450）年付の「久重田地預り状案」（永弘文書）に登場する地名だが、尾崎地区に所在するため、ここに載せた。

郎にあたり、この史料には彼らが「尾崎屋敷」を支配したとある。あるいは、同年七月十二日の「鎮西下知状」（永弘文書）には尾崎右衛門三郎行信が尾崎屋敷三カ所を支配したと記される。つまり、尾崎屋敷群は尾崎右衛門三郎行信をはじめとする尾崎一族が所持した屋敷であったことが確認できる。なお、これらの史料から「おさき」は「尾崎」と表記したこともわかる。

B　飯塚屋敷群――「配分状」では「い、つか」あるいは「いつか」の名が冠される。一二九六（永仁四）年の「宇佐定基安堵申状」（永弘文書）に「末次名内飯塚三郎火木屋敷」とあることから、この段階には田染氏が飯塚三郎屋敷を所持していたこと、この飯塚三郎屋敷は末次名に属したことがわかる。ただ、ここにある屋敷が「配分状」に記された屋敷

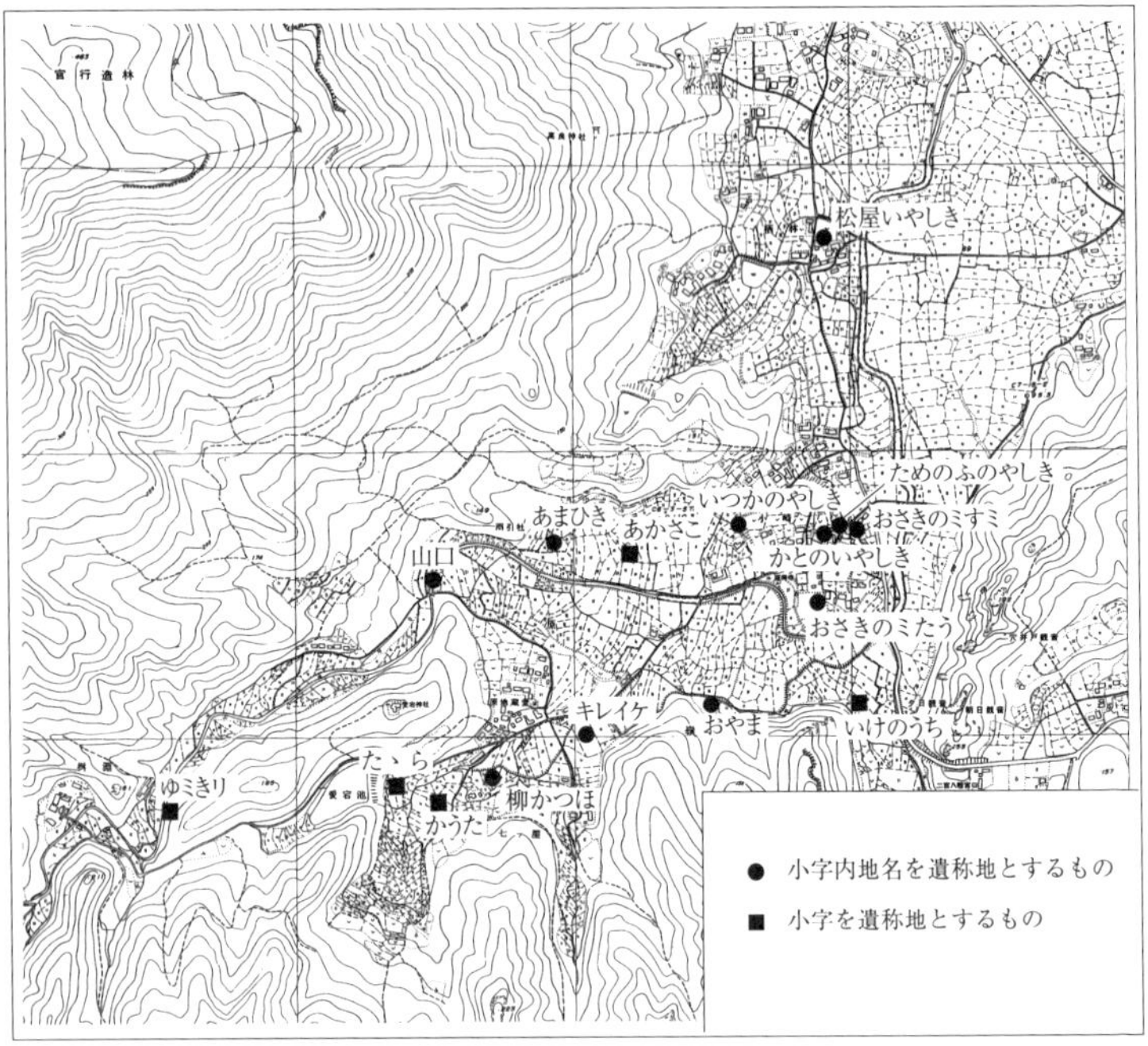

図67　尾崎地区の中世地名

のいずれにあたるのかは不明である。ただし、飯塚屋敷群については田染氏が所持する以前の支配者は明確でない。

C　為延屋敷群――「配分状」では「為延屋敷二カ所」と記される。前で触れた正和二年七月十二日付の史料で、尾崎右衛門三郎行信が所持した「為延屋敷二カ所」にあたり、これらも尾崎氏から田染定基の手に渡った屋敷群であった。

このようにみると、台薗とよばれる小崎川左岸の台地は、十四世紀前半から数グループの一族が集住した屋敷地であったことがわかる。十五世紀になると、後期田染氏が「ミたうのその」の故地に館を構え、現在それは延寿寺という浄土真宗寺院になっている。この延寿寺境内には応仁二年

（一四六八）銘の石殿があり、これは田染栄忠によってつくられたものである。

それでは次に、「配分状」にある地名のうち、現在台薗周辺の耕地などにその名が残るものについて、図67を参照し順にみていくことにしよう。

あまひき――永正名に属し、「荒野くさはの分」に記載されるが、アマビキの名は小崎川左岸の丘陵裾にある雨引社の前に広がる水田に残る。この雨引社前面の六枚ほどの水田は、周囲の水田とは違い小崎川からの井堰灌漑によらない、湿田あるいは湧水によって灌漑される地である。一二九六（永仁四）年の「宇佐定基安堵申状」には「永正名雨引新田」とあり、ここにいう新田が雨引社前面を指すかははっきりとしないが、十三世紀後半には雨引社周辺で水田開発が行われたことを知ることができる。

あかさこ――永正名に属し、字赤迫を遺称地とする。なお、右で紹介した一二九六年の史料には、永正名のほかに「末次名赤迫」の記述があり、永正・末次の二つの名に属する水田があったことがわかる。

おやま――重安名に属し、字下ノ山の小字内地名および小崎川支流の五つからなる小規模な井堰群にその名が残る。「配分状」にある「重安名おやま」の水田は、これらの井堰によって灌漑される地にあったとみられる。

ヤマノクチ――末次名に属する。小崎川が谷間から沖積地に出たところに設けられた井堰にその名が残る。

いけのうち――末次名に属し、字池ノ内にその名が残る。この地は、現在ヤケヤマ池・二宮下池・二宮上池が灌漑する地だが、もとは水の強い谷水を利用する地であったとみられる。

ゆミきりの口新かい――末次名に属し、小崎川支流の上流域にある字弓切を遺称地とする。この地は山間の小さな谷であるが、十四世紀前半段階にはこの地に開発の手が及んでいたこと、ここは下流から進んだ水田開発の限界点であったことがうかがえる。

なお、小崎地区には「配分状」以外の史料にもみられる地名が残る。小崎川の支流にある「ヤナガツボ」がそれで、この名は一四五〇（宝徳二）年の「久重田地預状案」などに「弁分柳かつほ」あるいは「弁分柳坪」と登場するように、前で触れた弁分に属する地であった。ここを灌漑する井堰もヤナガツボ井堰といい、元禄年間の築造という愛宕池の下流に立地するが、本来は池の南に位置する「水の強い」字大平の谷水を水源にした。他の小規模名に属する水田と同じように、小崎川流域で唯一弁分として開発されたこの地も、豊富な谷水を利用し、大規模な水路を必要としない地であった。こうした「弁分柳かつほ」は、一四六〇（長禄四）年には田染栄忠が支配する地となり、以後安定した経営が行われた。

このようにみると、「配分状」などで確認できる水田は、基本的に湿田や水の強い谷水あるいは小規模な井堰によって灌漑される地で、長大な水路など大規模な土木工事を必要としない地である。また、こうした水田が複数の小規模名に属したことから、小崎地区での開発は水利に便のよい地を複数の名主が開発し、小規模名に属す水田は錯綜する形で分布したことがうかがえる。

また、川沿いだけでなく周囲に目を向けると、「い、つかのくさば」や「た、らのはら」が注目される。前者は飯塚屋敷群に近い小崎川左岸の丘陵、後者は字弓切の東側の丘陵にある字多々良に故地が比定されることから、周辺の丘陵には草場などが広がっていたとみられる。「配分状」によれば、これらはいずれも末次名に属したといい、荘園の名は草場や原野も含んでいたことがわかる。ただし、このように名に編成されていることからして、こうした「くさば」や「はら」は未開発の地ではなく、牛馬の飼料や肥料などの供給地として「開発」された地であったとみられ、これは第Ⅱ章で触れたような山地利用の一端を示すものといえる。

ところで、十四世紀前半段階の小崎地区では各地で水田が開かれていたことが確認できるわけだが、このことがただちに現在のように安定した水田が一面に広がることを示すわけではない。たとえば、小崎川に設けられている井堰のうち、ナガンダ井堰の水路は川沿いを進み、小崎川の河川標高と変わらない水田の脇を通っている。そのため、ナガンダ井堰が安定した水源となるには、小崎川の治水の達成が必要である。仮に、ナガンダ井堰が「配分状」の段階に開かれていたとしても、灌漑範囲にあたる水田は不安定であり、実際には多くが畠地であったと考えられる。あるいは、上流域に愛宕池がある小崎川支流にしても、水の強い谷が所在するものの、これのみで現在のように流域全体に水田を生み出すことはむずかしかったとみられる。この流域では、村絵図に描かれている池（キレイケ）、そして愛宕池の築造、さらに小崎川のオデ井堰からの引水によって、安定した水田が広がる景観が生み出されたとみられる。

以上のことをあらためてまとめておくと、十四世紀前半の小崎地区は台地上に屋敷があり、周囲には水田や畠地などの耕地が広がる景観であった。現在、台地周辺の耕地が一面水田へと変化しているが、十四世紀前半にみられる景観のコンセプトは今日まで引き継がれており、荘園の時代の土地利用の在り方がいまも地表上に顕著に現れていることがわかる。また、史料にみられる小規模名とそれに属する耕地の具体的な在り方を知ることができる希有な地でもあり、いわば小崎地区は現在の景観に中世の面影を確認できる、重要な「荘園村落遺跡」なのである。

(二) 大曲地区

山間のムラ

大曲地区は、田染盆地の南、桂川支流の最上流部に位置する山間のムラである（図63参照）。小さな川の谷間にわずかな人家と耕地があり、切り立った鋸状の山々が連なる分水嶺にほど近い。この大曲の谷は田染盆地に向かって開口しており、急峻な西側（左岸）斜面に水田はほとんどなく、東側のより緩やかな斜面に棚田が広がる。しかし、現在はそのほとんどが耕作放棄されており、さらに谷の上流部へいくと杉林や雑木林となったかつての水田や畑地がある。また、大曲地区の人家の多くは開口部近くにあり、わずか二軒の人家が薬師堂や北野社、また永和元年（一三七五）銘の国東塔がある金高《かねたか》墓地周辺にある。

大曲の名は、田染荘内の名の一つ「大まがり名」に由来し、近世のこの地区は大曲村という一つの独立した行政村であった。こうした大曲地区は、前で紹介した小崎地区とともに、文献史料などによって、その歴史を中世までたどることができる希有な地区である。さっそく、現代から時代をさかのぼる形でみていくことにしよう。

近世・近代の大曲

まず、一八八八（明治二十一）年の地籍図をみると、大曲地区は谷の上流域まで水田が開かれていたこと、薬師堂周辺と開口部近くに集落が所在したことがわかる（図68）。次に、近世の村絵図によれば、谷の奥まで水田が開かれ、右岸の山地には短冊状の畑が所在したこと、集落が一つあり、絵図につく明細書によれば一六軒の家があったことがわかる。絵図をみると、集落には堂が描かれていることから、現在薬師堂や北野社がある集落が大曲地区における古くからの集落であることが確認できよう。また、絵図には溜池が描かれていないことから、谷奥まで広がる水田を潤す用水は谷水や天水によってまかなわれていたとみられる。実際、田染荘調査でも大曲の谷は「水の強い迫」であることが聞き取られており、谷の最上流部には近世中期以後の築造とみられる溜池があるが、川

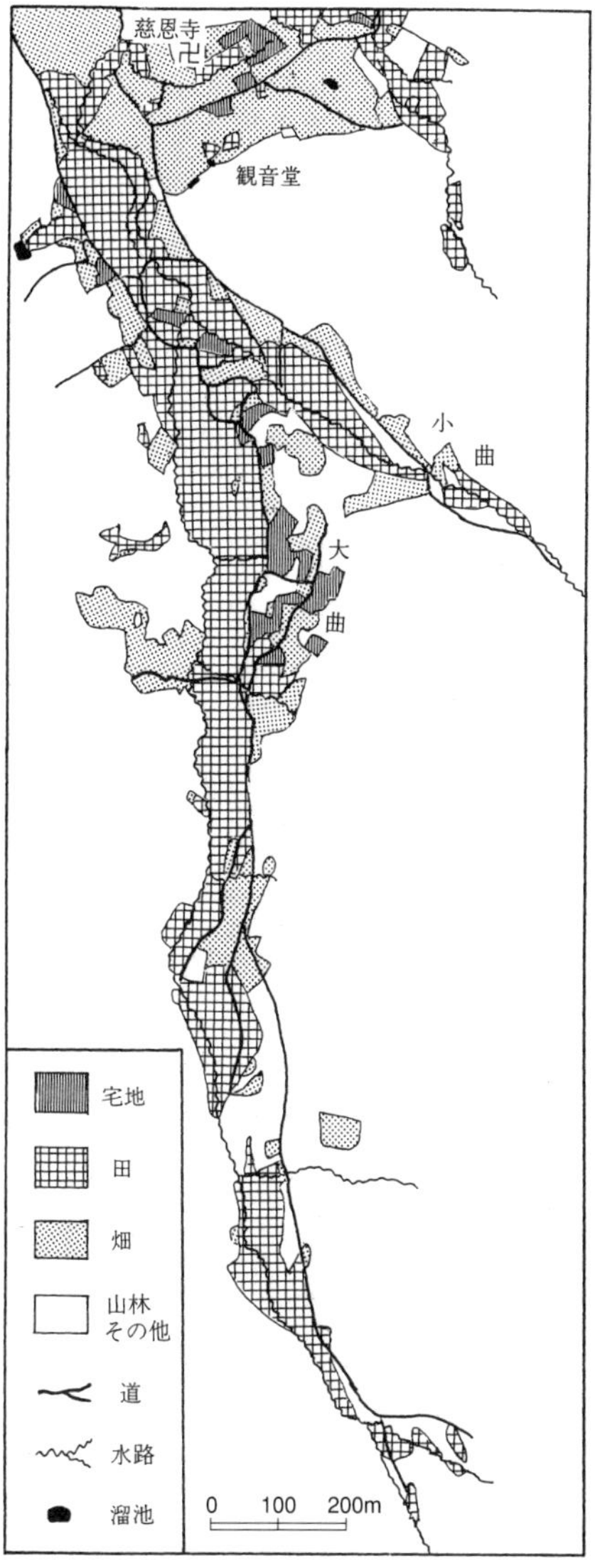

図68　近代初頭の大曲村周辺の様子
（出田和久氏作図）

に設けられた小規模な井堰には石を積み上げて取水する「自然取水」に近いものが多かったこともふまえると、溜池は用水の安定化に役立つ程度のものであったことがわかる。つまり、十七世紀後半の大曲地区は一つの集落からなり、水の強い谷からの水などによって水田を灌漑した自己完結性の強い地区ということができる。

なおここで、明治の地籍図と村絵図を比較してみると、谷の奥まで水田が開かれていることは共通するが、違いもいくつか発見できる。たとえば、一村一集落であったのが一村二集落となり、右岸の山地にみられた短冊状の畑が十九世紀後半には消えている。つまり、大曲地区では十七世紀後半からおよそ二〇〇年の間に本来の集落の縮小と山地斜面の畑の減少がみられるのである。

それでは、十七世紀後半より以前はどうだったのだろうか。さいわい、国東半島一帯については、『改帳』によって十七世紀前半の各村の概況を知ることができる。これによると、大曲村は村高が七六石余で家数は八軒、人数は男性五人・女性四人の計九人とある。八軒の家のうち、三軒が本百姓の家で、残りは名子屋や庭屋であった。おそらく、これらの家は薬師堂や北野社周辺にあったとみられ、三軒の家が大曲地区の中核となる存在であったことがうかがえる。十七世紀前半の大曲地区は、視覚的にその姿を知ることはできないものの、斜面中腹の堂社とともに所在する集落は三軒の家が中心にあったことがうかがえる。また、前述したように谷は水量が豊かであり大規模な灌漑施設を必要としなかったことから、おそらく水田も川沿いを中心する斜面に広がっていたことが考えられる。

中世の大曲

さて、文献史料から中世の大曲地区は田染荘永正名に属したことがわかる。たとえば、十五世紀初頭のものとみられる「田染荘永正・恒任名坪付注文」（永弘文書）の永正名田地という項目に次のような記載がある。

一所　三反口ノ丸おおまかり公事地之内
一所　一反廿　　ふくてんおおまかり同内
一所　四反卅　　おおまかりくうしの地之内

ただ、この史料は年未詳のものであり、大曲という名の確実な初見は一四〇七（応永十四）年のことである。「永正正幸・立石智尊連署段銭請取状」（永弘文書）に「大曲山神免」とあるのがそれである。

ところで、前述したように、永正名は鎌倉時代から所在した小規模名で、同名に属した耕地は小崎川流域を中心に桂川流域の旧相原・上野村などに散在していた。この永正名については比較的文献史料が豊富に残るものの、右で触れたように十五世紀初め頃まで大曲の名をみることはできない。このことは、山間の大曲の開発が鎌倉時代にはまだ進んでいなかったことを示しており、そうした意味で永和元年（一三七五）の銘が刻まれた金高墓地の国東塔は、大曲地区での開発の始まりを伝えるものといえよう。

このように十四世紀後半頃から始まったとみられる大曲地区での人びとの営みについては、十五世紀半ば近くになるとより具体的に知ることができる。たとえば、一四三一（永享三）年の「田染荘内おおまかり取帳」（永弘文書）には、さこに四反余、ふくてんに一反余、口ノ丸に三反、まとの原に一反余の水田があり、これらは清九郎・清五郎・六郎太郎が耕作していたと記されている。また、一四四二（嘉吉二）年の「田染荘内おおまかりの見田取帳」（永弘文書）にも、永享の史料にある、まとの原分を除いた水田および耕作者として左衛門九郎・左近五郎・清五郎の名がみられ

図69　大曲薬師堂の観音菩薩坐像

る。田染荘調査の成果によれば、ここに記された地名のうち、さこは大曲地区の谷合を指すものだが、口ノ丸は桂川流域の大字相原字口の丸、ふくでんは大字真中字ブクデに比定される。そして、海老澤衷は田染荘の名を復原するなかで、これらの史料は大曲に居住する者の耕地をまとめて永正名として把握したもので、ここには耕地の散在性とともに大曲の地は集落と耕地が所在する完結した集落としての姿がみえつつあることを指摘している。

このように十五世紀前半の大曲地区は谷間に四反近くの水田が開かれ、少なくとも三軒の家が所在したことがわかる。その後、文献史料の上で大曲の名は十六世紀後半まで目にすることはできないが、仏像や石造物からわれわれは大曲地区の歴史を知ることができる。

永和元年の国東塔がある金高墓地に接する形で建つ薬師堂には、観音菩薩坐像（図69）が祀られている。像底に墨書があり、そこには「謹んで新造奉る本尊の事（原漢文）」として、妙泉庵の住持僧良智が一四八一（文明十三）年に前住の菩提のために宇佐栄忠を大檀那としてつくったことが記されている。つまり、創建年代は不明だが十五世紀後半にはこの地に僧侶が住む妙泉庵という庵寺が所在したのである。金高墓地には文明十一年

（一四七九）の年号と「当庵前住徳林智公禅師」の名が刻まれた五輪塔があり、その年号からして、ここにある徳林智公が右で触れた銘文の前住の僧侶とみられ、彼は禅師と称されたことから、妙泉庵は禅寺であったことがうかがえる。

ところで、前の銘文にいう宇佐栄忠は永正名を支配した田染栄重の子であり、海老澤衷によれば栄忠が山間の大曲地区にあった妙泉庵の仏像造立に関与したことは、田染氏にとって大曲の地は所領として価値の高い地であることに着目したことによるという。いずれにしても、十五世紀後半段階の大曲地区には庵を有する一つの持続した集落が確立していたことがわかる。

さて、大曲地区は一五七九（天正七）年の史料（「帯刀紹慶質地預状案」永弘文書）によれば、「おおまかり名」として現れる。一五四六（天文十九）年の「永正名坪付注文」（永弘文書）には大曲の名は独立してみえないことから、おおまかり名は十六世紀半ば頃に永正名から独立したことがうかがえる。海老澤衷は、田染荘の名を復原するなかで、これは小規模名のうち自己完結性の強い集落が名として独立したことを意味し、このような名を集落名と名付けた。大曲地区の場合、集落名がそのまま近世の行政村へと移行し、発展した例であり、現在の景観にその面影をみることができる。なお、後藤宗俊はこうした大曲地区を取り上げた「ある〈村落〉考—豊後高田市大曲地区の場合—」で、中世後半の史料にみられる三軒の家が『小倉藩人畜改帳』にある本百姓の三軒につながるものとして、日本における村落の基本単位をこの地に見出した。そして、これをもとに後藤は弥生時代の単位集落論を提示している。

国東半島の集落名

海老澤衷は、こうした大曲地区で確認される集落名のほかの例として、右で触れた天正七年の史料におおかり名とともに田染荘の名として登場する「ならはやし名」を挙げている。その故地である楢林の地は、近世には横嶺村の一集落であったが、田染荘調査によれば信仰とくらしの最小ブロックを形成しており、中世後半に生まれた集落名の一例とみなされるのである。そして、海老澤はこうした集落名は十五・十六世紀に母胎として小規模名をともなわずに出現したものもあったと推測している。

このようにみると、史料上では大曲地区などのように明確に確認できないにしても、集落名としての性格を有する集落は半島各地でみることができる。たとえば、半島東部の安岐川右岸の丘陵尾根上にある橋上地区は一五二四（天文二）年の「田原親董知行宛行状」（足立悦雄文書）に「はしかみ」と登場する地である。この地は、集落が祀る観音堂の本尊が少なくとも十四世紀の作とみられること、集落内には十五世紀以後と考えられる五輪塔などもあることなどから、すでに十六世紀以前から所在したことがうかがえる。

そして、この地は近世山浦村の領域にあったが、山浦村鎮守とは別個に独自の鎮守山神社を祀り、集落周辺の水田は基本的に湧水によって灌漑されており、立地や水利面などから自己完結性の強い集落ということができる。あるいは、安岐川支流の両子川右岸に位置する杉山地区は六郷山寺院の一つである瑠璃光寺を中心とする集落だが、この地の水田も湧水を水源とし、単体の集落がそのまま近世には杉山村として一つの行政村となった地である。

つまり、大曲地区に端的に示される、立地や水利などにおいて自己完結性の強い集落は国東半島における集落の一つのタイプということができ、

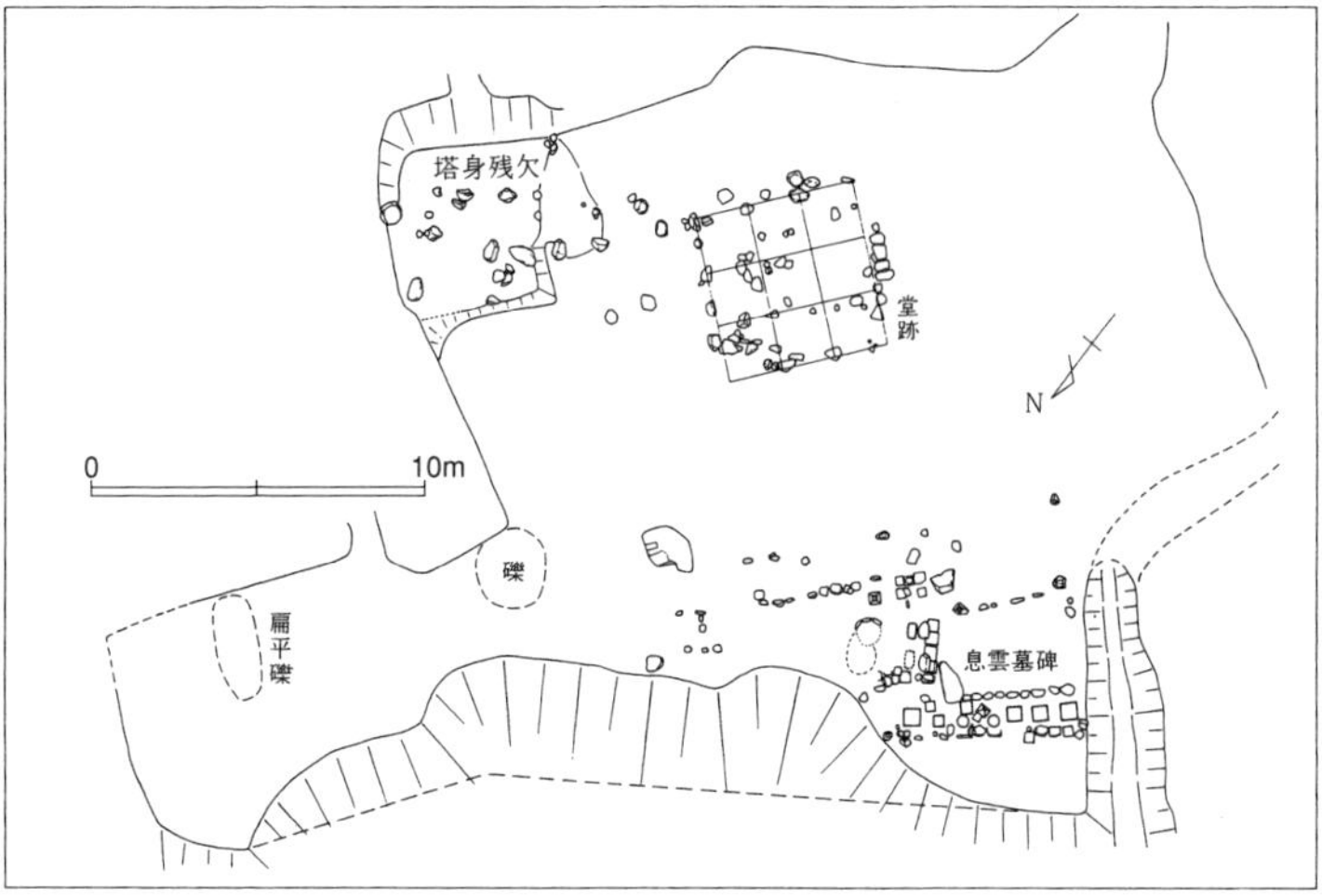

図70　長野観音寺跡遺構配置図

それらは中世における開発によって生み出された集落と位置づけられる。

(三) 長野観音寺跡

長野観音寺跡は、田染盆地のほぼ中央部に広がる山地の北西部山腹に位置する（図63参照）。水田面から約二〇メートルほど登ったところに、造成した二〇メートル×二〇メートルほどの広さの平坦面があり、そこに堂跡や石塔群などがある（図70・71）。これらの遺構は発掘調査を実施していないため、遺構の細かい年代など不明な点はあるが、おのおのについて紹介していく。

堂　跡　平坦面の中央部やや東（山側）に礎石が残る。これらは単一のプランにもとづくものではないことから、数回建て替えが行われたことが推測される。そのため、建物の詳細な変遷を知ることはできず、田染荘調査において調査を

図71　長野観音寺跡の石塔群

担当した真野和夫によれば、現況の礎石配置と南側に入口の踏石とみられる平たい石が五枚あることなどから、南面する三間四方の建物（仏堂）のプランのみが確認できるという。

観音寺が所在する中村の庄屋の記録「河野家年代記」によると、一七一四（正徳四）年に没したという空心元有なる僧が観音寺を再興したと記されており、現存する礎石はこの段階のものと考えられる。しかし、前述したように数回の建て替えが行われたこと、実際に西側崖面からは十四世紀代とみられる土師質土器や瓦器などが出土していることから、観音寺は少なくとも鎌倉時代後半に所在したということができよう。

石塔群　平坦面の北西隅にある。宝塔一基・五輪塔八基・墓碑二基があり、ほかに五輪塔などの残欠がある。

このなかでまず注目されるのが、高さ一㍍をこえる自然石の墓碑二基である。一基は引き抜かれた形で横倒しになっているが、本来はもう一基とともに並んで建っていた。これらには銘文があり、全長一一二センチの横になったものには、表面最上部に月輪に梵字「ア」とその下に五輪塔が刻まれて、五輪塔の塔身部に「息雲」、台座に「天正癸未」・「七月十六日」の銘文がある。ここにいう息雲は、十六世紀半ばに田染荘の荘官として諸史料にその名がみられる田染建栄の法名であり、この墓碑は建栄の墓であることがわかる。

もう一基には、建栄の墓碑と同様に梵字アと五輪塔が線刻され、五輪塔の塔身部に「妙□」・台座に「天正丙戌」・「七月十三日」とある。ここにある妙□がどのような人物かを細かく知ることができないが、田染建栄の墓碑と並んでいたことからすると、建栄の妻あるいは近しい家族と考えられる。

次に宝塔をみると、これは総高一一七センチで、笠からいちばん上の宝珠までは一石からなる。塔身部に光背形のくぼみをつくり、そこに地蔵菩薩が陽刻され、その地蔵菩薩の両脇には「天正九辛巳三月十三日」・「宗方」と刻まれている。国東半島には実に多くの石造物があり、この宝塔は十六世紀後半の規準資料となるものである。

なお、このほかの五輪塔については、台座上面の塔身部がのる外周に蓮弁が彫出したものなど宝塔などの影響がみられるものがある。うち一基には「～居士」の銘文が確認できるが、風化が激しく年号などは不明である。

基壇遺構　平坦面の東隅にあり、崖面に接する形で位置する。高さ五〇～六〇センチ、一辺が約四メートルの土檀で、中央部に大型国東塔の残欠があり、かつては石塔が建てられていたことがうかがえる。ちなみに、石塔群の崖下にも大型の相輪部残欠があり、この地は石塔が建ち並ぶ地であったことがうかがえる。

さて、田染荘にかかわる史料をみると、そのいくつかに「長野観音寺」の名が登場する。初見となる史料は一三五三（文和二）年の「比丘尼くうゑん寄進状案」（永弘文書）で、これは代々相伝の地である長野観音寺を田染春元の娘くうゑん（空円）が田原の宝陀寺（杵築市）に寄進したことを伝えるものである。ここから観音寺は成立時期は不明であるものの田染氏の寺というべきもので、十四世紀半ばには臨済宗宝陀寺末の寺院となったことがわかる。その後、一四五九（長禄三）年には田染栄忠が造営を行うなど、史料からすると観音寺はいわゆる田染氏と深いかかわりがあったことがわかる。

このような諸史料の記載と前で紹介した現地調査の成果を併せみたとき、長野観音寺は在地領主田染氏の菩提寺というべきもので、十六世紀後半には墓所としての性格も有していたことがうかがえる。一方で、荘園村落遺跡としての田染荘という視点からみたとき、長野観音寺跡は在地領主とかかわりのある宗教遺跡と位置づけることができよう。なお、こうした観音寺がいつごろ廃絶したかは不明であるが、同寺を庇護していた田染氏の衰退をうけて、近世初頭には廃寺となった可能性が高い。

（四）朝日岩屋・夕日岩屋

ともに、小崎地区の東にある岩山の尾根近くの岩窟である。朝日岩屋は尾根の東側、夕日岩屋は西側に位置する。これらはいわゆる「安貞目録」にその名があり、本来の六郷山に属する信仰の地である。そのため、前章の六郷山寺院で紹介すべきものといえるが、景観の面でも田染荘の小崎地区と一体となった存在であることから、ここで触れることとしたい。

朝日岩屋は岩窟に覆屋があり、中には尊名が不明の木彫仏や焼仏など三躯の仏像と石造の薬師如来坐像が安置される。このほか、岩窟内に石造の弘法大師像と千手観音像がある。覆屋内の木彫仏は製作年代を特定することができず、残りの石仏は近世に製作されたものである。一方、夕日岩屋は岩窟内に石造の地蔵菩薩像や観音菩薩像などがあり、いずれも近世に製作されたものである。

このように、現在の朝日岩屋・夕日岩屋は基本的に近世の石仏が祀られる小規模な岩窟である。こうした岩窟のみの信仰の地は、その由緒を知ることができるものが多くないなかで、朝日・夕日岩屋は十三世紀前半には六郷山に属し、信仰の地とされたことが判明する点で重要な遺跡といえる。また、これらは宇佐宮領田染荘の中核近くにあり、前章で触れたように本来六郷山は宇佐宮・弥勒寺の荘園内に設定され、宇佐宮などと相対する存在ではなかった。朝日・夕日岩屋は、こうした六郷山と宇佐宮との関係を真木大堂と並んで端的に示す遺跡でもある。そして、現在に残る石仏によって、朝日・夕日岩屋は中世以後も信仰の地として生きつづけたことが明らかであり、これらは国東半島における地域のいのりの姿を象徴する存在ともいえよう。

（五）蕗政所跡

富貴寺の西隣にあり、川沿いの段丘上と山地中腹に二つの遺構が所在する（図72）。

まず、段丘上の遺構からみていくと、北側の山裾に東西約一三〇メートルにわたって土塁と堀が確認される。堀は幅七メートルほどで、コの字状に巡らされていたとみられるが、現状では東西の屈曲部から南

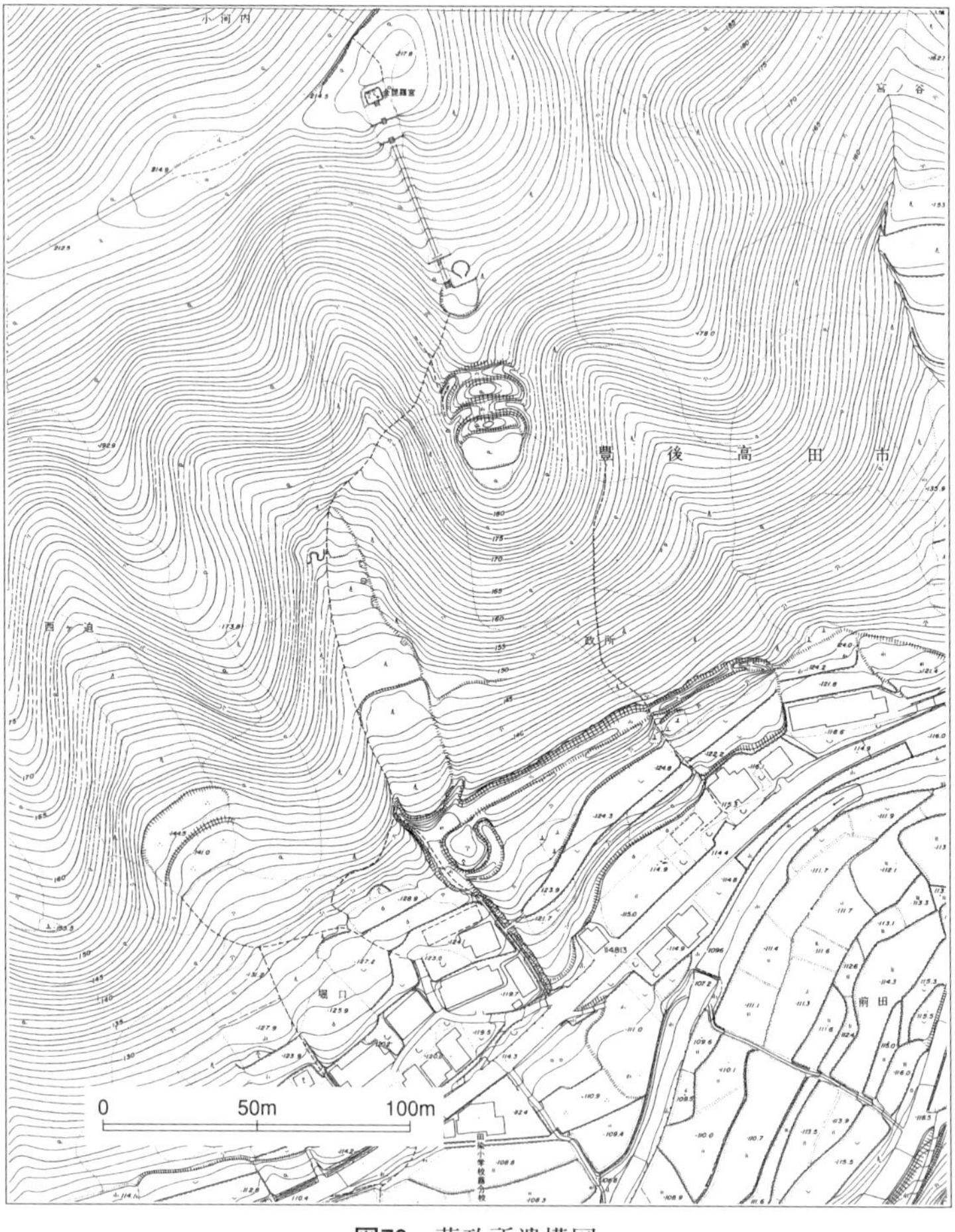

図72　蕗政所遺構図

側ではほとんど確認できない。ただ、現状では西側の屈曲部は背後の山地からの雨水によって形成された、小さな谷と連続し、それが蕗川まで伸びていることから、おそらく堀は竪堀状に蕗川まで下っていたと想定できる。すると、こうした土塁と堀に守られた区画は、東西約一三〇メートル、南北五〇〜八〇メートルの広さをもつとみられ、これは小字政所の領域にほぼ収まる形となる。

次に、山地中腹の遺構についてであるが、川沿いの遺構から水平距離一〇〇メートル、比高約五〇メートルの尾根の先端部に位置し、幅一〇メートルほどの土塁と二本の堀切によって遮断されている。先端側は東西二二メートル、南北一二メートルほどの広さをもつ平坦面で、曲輪と考えられる。田染荘調査では、この遺構の上部の山頂に関連する遺構の存在が想定され、現在山頂部にある金毘羅社周辺はさほど広くないが平坦面があることから、主郭にあたるものがここにあったと推測される。つまり、前者が館跡というべき中核施設にかかわるもの、後者が背後の山地から施設を防御するための遺構といえる。発掘調査を実施していないため、詳細な遺構の分布や年代などは明確でないが、こうした館と軍事的施設の二つが完備されるのは戦国期まで下るのであろう。なお、このうち堀と川で囲まれたエリアは近世以後庄屋屋敷となり、富貴寺や政所跡付近は中世から地域支配の拠点であったことがわかる。現在、この一帯の集落がまとめて中村とよばれているのは、こうした歴史にもとづくのである。

さて、これら二つの遺構は、字の名称をふまえると、主として十五世紀以後の諸史料に登場する「田染荘政所」にかかわる遺構と考えられる。史料上、田染荘政所の名は一四四六（文安三）年の「田原親増段銭請取状」（永弘文書）にはじめてみられ、ここから十五世紀半ばには南北朝時代以後国東半島に勢力を広げた田原氏が政所役人となっていたこともわかる。三重野誠らの研究によると、こうした政所は豊後国守護大友氏が各地の在地領主を役人として、荘園単位に配置した在地支配の機関で、大友氏はこれを通して間接的に地域支配を行ったという。

なお、この蕗政所は田染荘の北端に位置してい

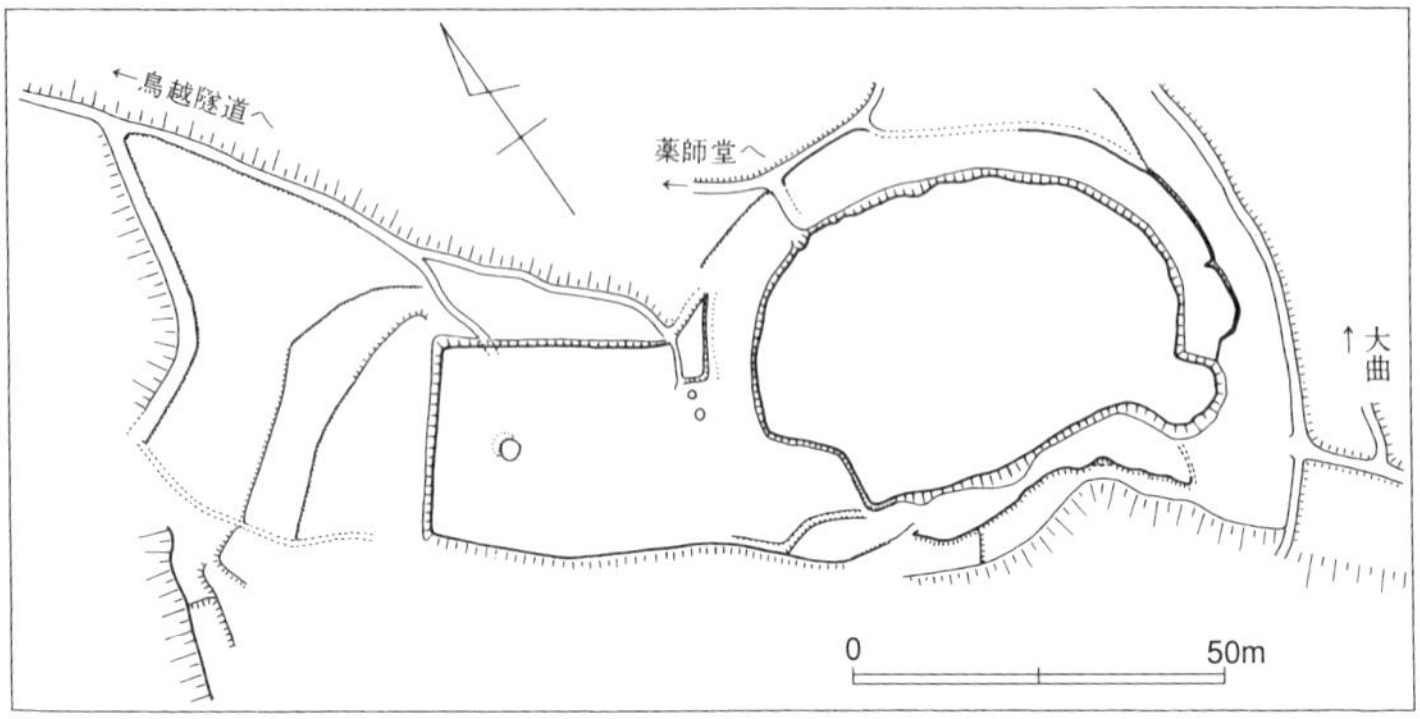

図73　牧城跡略測図（真野和夫氏作図）

る。こうした地に政所が設けられた理由は明確でないが、一つには前述したように大友氏一族の田原氏が糸永名を均等田に編成するなど、蕗川流域で支配を展開させたことをうけて、一大友氏の政所設置の際に田原氏が拠点とした蕗川流域に選んだこと、いま一つはこの地が桂川下流域の来縄郷から半島東部へとつづく古道沿いに位置し、田染荘北端の交通の要衝でもあったことなどが考えられる。

　十五世紀後半以後、田染荘政所は久保氏や古庄氏などが任命されるようになるが、そのなかで、十六世紀代に政所であった古庄氏は、真木大堂南に拠点を構えて支配を行ったとみられる。

　そこで次に、こうした古庄氏の拠点となった牧城跡とその詰城というべき烏帽子岳城跡を紹介することにしよう。

(六)　牧城跡と烏帽子岳城跡

牧城跡

　真木大堂の南、水田面との比高差が九〇ほどの小高い丘陵の頂上部にある。遺構は、東西一二〇《メートル》、南北六〇《メートル》ほどの広さで、二つの曲輪があり、最高所（標高一六九《メートル》）を占めるものが主郭とみられる（図73）。主郭は東西六〇《メートル》、南北四〇《メートル》ほどの平坦地で、これを取り巻くように帯曲輪が確認できる。現在、この主郭への登り道は明確でないが、帯曲輪との比高が最も低くなる西側の塁線が折れ曲がったところと想定される。また、主郭の西側にある曲輪は東西四〇《メートル》、南北二五《メートル》ほどの広さをもつ方形状の平坦地で、井戸跡が確認できるが、その年代は不明である。現在、牧城跡は杉の植林地となっており、より詳細な施設等の確認はできていない。

　ところで、この牧城跡との関連は明らかでないが、遺構がある丘陵北側の中腹には馬城山伝乗寺（真木大堂）の末坊薬師堂跡といわれる遺構がある。ここは牧城跡への主要な通路の一つにあたり、四面石仏や三《メートル》をこす国東塔がある。四面石仏は、高さ二《メートル》ほどの自然石の四面に阿弥陀如来坐像など一〇躯の仏像を半肉彫したもので、室町時代の作と推定されている。つまり、一つの丘陵の頂上に城跡が、中腹に信仰の場があるわけで、こうした城跡と信仰の場が近接して所在する状況は、次の烏帽子岳城跡でもみることができる。

烏帽子岳城跡

　現在の豊後高田市と山香町の境界近くの烏帽子岳（標高四九三・七《メートル》）の山頂にある。

　図74にあるように、二つの曲輪があり、急崖の南側を除く三方に畝状竪堀がみられる。この畝状竪堀は五四条を数え、大分県の山城でも数が多いものの一つである。平成三年の台風による風倒木のため、現在は遺構の西側で地形の様子がみにくい状況にあるが、全体として遺構の保存状況はよい。

　まず曲輪からみていくと、三角点がある主郭は東西（長径）四〇《メートル》、南北（短径）二五《メートル》の隅が丸い長方形で、中央部が一段高くなっている。周囲は帯曲輪が取り巻き、その北東部はもう一つの曲輪へとつづくスロープとなる。主郭の東側にあ

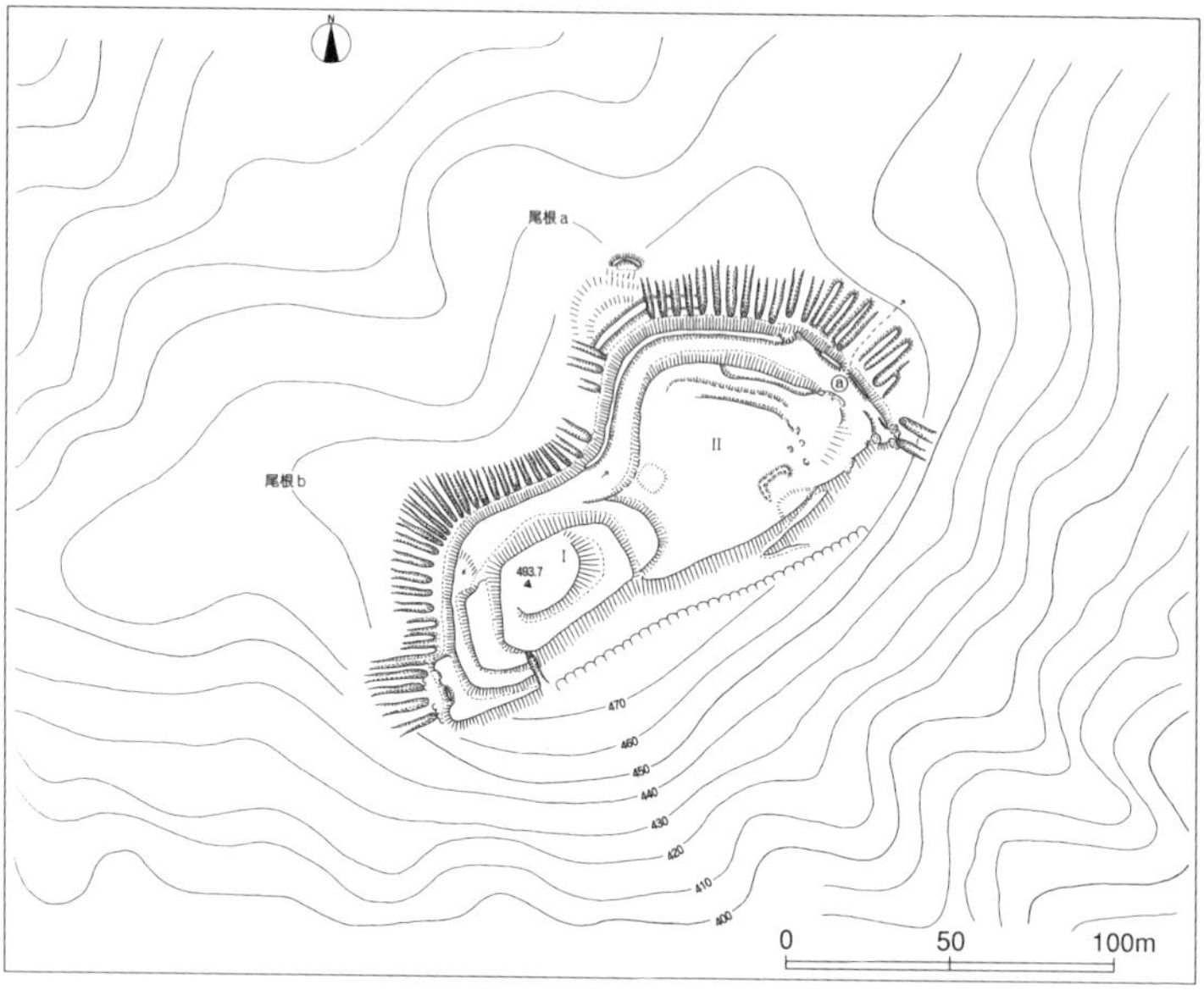

図74　烏帽子岳城縄張図（小柳和宏氏作図）

る曲輪は、中央部が平坦であるが、東にいくと下りになり、数段の帯状の曲輪が築かれている。

また、虎口は図74のⓐにあたり、幅は一・三メートルほどの狭い石敷の坂道である。この部分から主郭まで横堀が巡っているが、これは主郭への連絡を意識したものといえよう。ちなみに、主郭部は切岸で固められているが、東側の曲輪はあまり手が入れられておらず、いわば主郭部に対する大きな虎口受けの空間であり、平成七年度～十五年度に実施された大分県中世城館発掘調査（以下、城館調査という）の成果によれば、こうした構造の山城は大分県玖珠郡の野田城に通じるものがある。

こうした烏帽子岳城について、同時代の記録にはその名をみることができず、築造の時期などは不詳である。ただ、畝状竪堀については、城館調査で遺構の編年を行った小柳和宏によれば、烏帽子岳城をはじめとする豊前と豊後の国境近くで

図75　福寿寺の磨崖国東塔

は、大友氏と対抗勢力との間で合戦がくり広げられた一五七九（天正七）年頃に築造されたと考えられている。

なお、烏帽子岳城跡南側の急崖の下には観音堂があり、境内には十五世紀半ば頃の作である宝篋印塔がある。この堂は近世の村絵図にも描かれており、宝篋印塔の年代からすると、烏帽子岳城の築造以前からの信仰の場であったことがうかがえる。また、前でも少し触れたように烏帽子岳への登り口にあたる南麓の平集落の福寿寺境内には、東面する高さ四メートルほどの巨岩があり、正面（東面）の五つの龕には薬師如来などの諸仏がレリーフ状に刻まれ、北面の龕には国東塔が陽刻されている（図75）。このうち北面の国東塔には永享五年（一四三三）の銘があり、諸仏もこの時期に製作されたと考えられる。

ヤマの開発と山城

烏帽子岳は、南側の平集落などからみると、切り立った絶壁と荒々しい岩肌をみせる、独特の山容をなしている（図76）。前で触れた石造物などの分布からすると、烏帽子岳は信仰の地であったことがうかがえ、そうした山の頂上に戦国期になって城が築かれたのである。国東半島で、このような信仰の地である山の頂上に城が築かれる例としては、半島西部の屋山（豊後高田市）が挙げられる。前述したように、その中腹に六郷山の中核寺院であった長安寺が立地する屋山は、頂上部に在地領主の吉弘統幸が築いた屋山城がある（図77）。屋山城の史料上の初見は一五七九（天正七）年で、当時豊前国などで反大友勢力が蜂起したことをうけて築造されたとみられる。

前述したように、平安時代の山は「大魔所」であり、人の手が容易に及び難い聖なる空間であったが、鎌倉時代以後地頭らの開発によって山野は

図76　烏帽子岳遠景

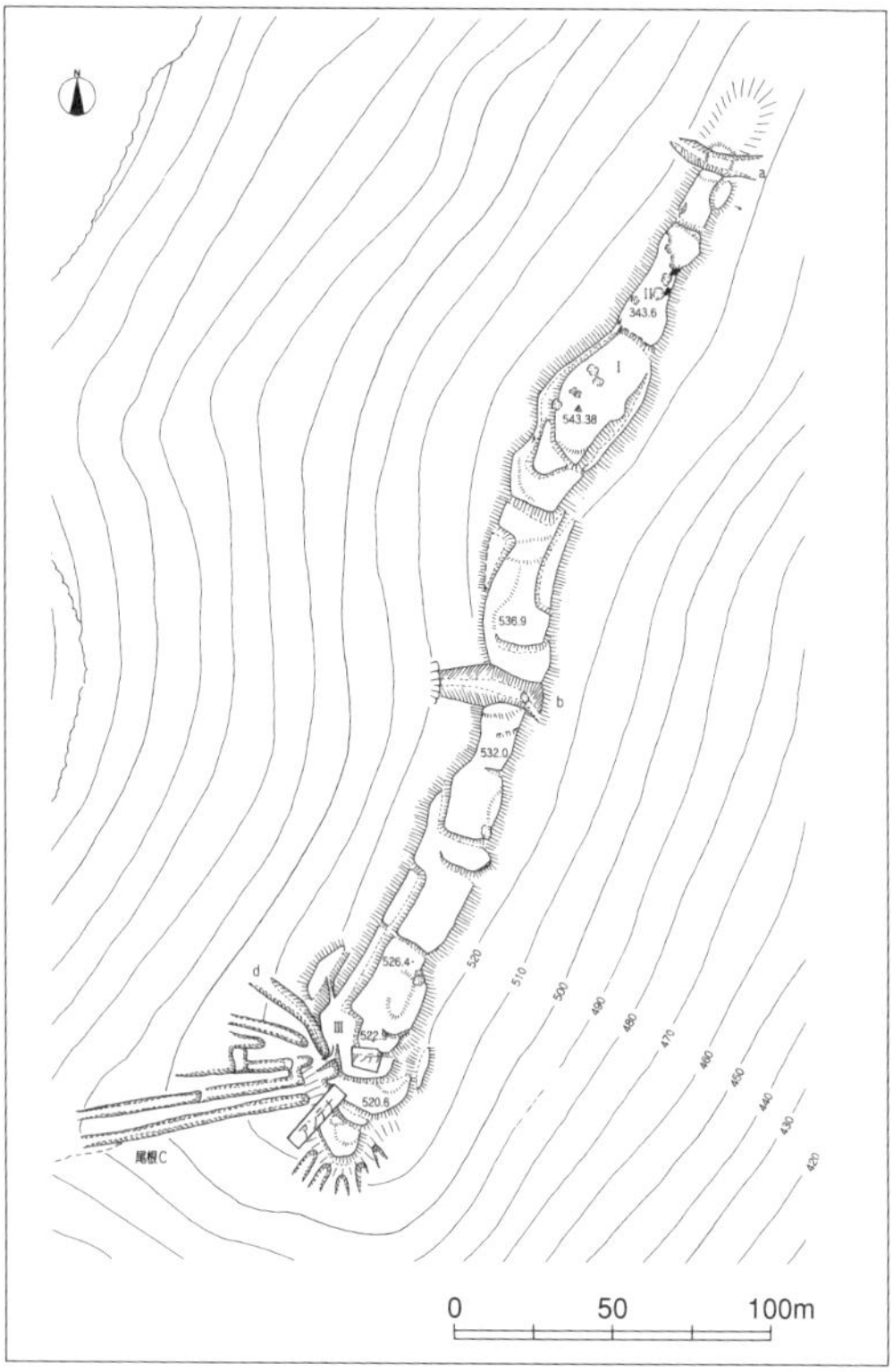

図77　屋山城縄張図

切り開かれ、いわば俗人の営みが聖なる地を侵食していった。そして、中世後半になると屋山城や烏帽子岳城などの頂上部に城を築いたことに示されるように、人びとの営みは山への畏怖を克服し、聖なる地を完全に手中に収めることになったのである。つまり、山城の築造はどの山に城を築いたら軍事上有効であるのかという認識を前提とするものであり、麓の小さな谷から山頂部にいたるまで人びとの営みが及んでいたことが不可欠であろう。こうした点からすると、飯沼賢司が指摘するように、まさに山城は中世後半までの山野の開発の到達点を端的に示すものといえよう。

3　墓地と石塔

（一）国東半島の墓地——とくに熊野墓地と財前家墓地

さて、前に大曲地区の歴史をたどるなかで、金高墓地にある石造物とその銘文は地区の「歴史を物語る証人」となった。いわば、墓地は地域の信仰遺跡の一つであると同時に、その立地は過去の集落を復原する場合に重要な手がかりとなるし、その存在は墓地が所在する地の過去の人びとの営みを伝える重要な遺跡といえる。そこで、本章の最後に田染盆地を中心に国東半島に残る中世の墓地について触れておくことにしよう。

前で触れた大曲地区の金高墓地は、永和元年の国東塔を最古のものとし、その周辺に十五世紀以後の石造物が点在する。こうした中世の墓地は、半島全体に目を移すと、前章で触れた霊仙寺旧墓地や千燈寺の五輪塔群をはじめ、各地に分布する。この霊仙寺旧墓地などのように、基本的に中世でほぼ終わる墓地は少なくないが、なかには中世の墓地に隣接して近世・近代ひいては現代の墓

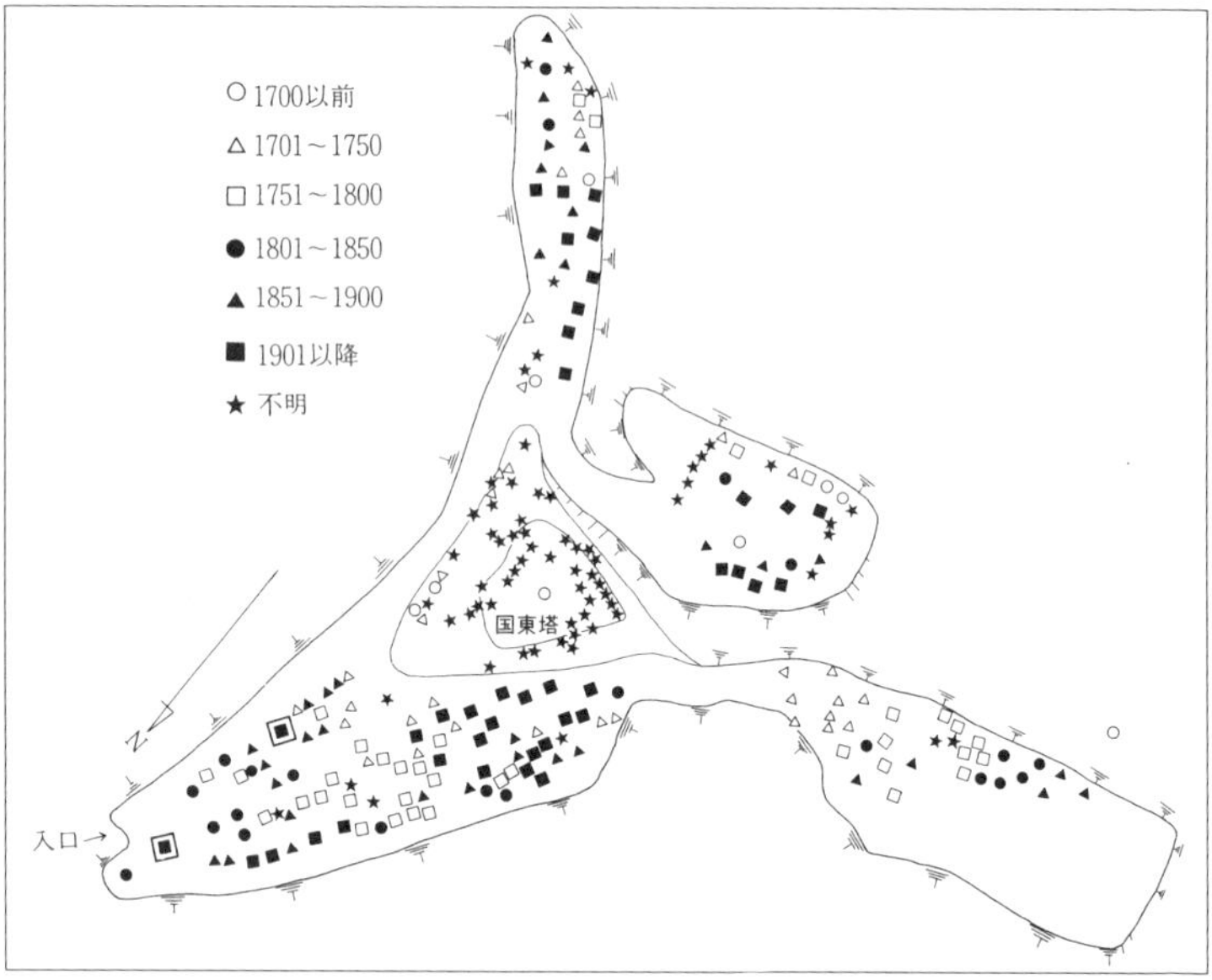

図78　熊野墓地平面図

図79　熊野墓地の国東塔

地が所在するものがある。

その代表的なものとして挙げられるのが、田染盆地の南に位置する熊野墓地である。この墓地がある熊野地区は、六郷山寺院の一つである胎蔵寺を中心とした集落であり、厳密には六郷山領の墓地である。

図78は熊野墓地の平面図である。墓地の中心には応安八年（一三七五）銘の国東塔（図79）があり、これを取り囲むように五輪塔や板碑、宝篋印塔などの中世の石造物が並ぶ。さらにその周囲に

近世以後の墓地が所在し、道の反対側には十八世紀以後の墓地が広がる。このような立地や石造物の編年からして、熊野墓地は金高墓地と同様に、まず国東塔が建てられた後、墓地として展開したことが明らかとなった。

こうした国東塔を墓地の出発点とする例としてて知られているのが、田染荘の別符として開発された田原別符にある財前家墓地である（杵築市大田）。この墓地も中心に元応二年（一三二〇）銘の国東塔（図80）があり、やはり周囲に板碑や五輪塔などの中世の石造物がある。一〇〇基をこえる石造物が建ち並ぶ姿は壮観である。この財前家墓地の場合は、中世墓地の区画の上に近世墓地があり、さらにその上に近代の墓地が営まれている。このほかに、無年号のものではあるが、墓地の出発点に中世に製作された国東塔などの石造物が所在するものとしては、中ノ川墓地（安岐町）をはじめ多くの例がある。

図80　財前家墓地の国東塔

ところで、熊野墓地や財前家墓地などの中世から連続する墓地は、中心となる国東塔の年代をみると基本的に十四世紀初頭から半ばに成立したことがわかる。飯沼賢司は『豊後高田市史　特論編』のなかで、このような墓の成立時期は、今日に伝わる系図が成立した時期であり、墓の連続性は継続的に維持される家の成立と祖先祭祀の実施を示すものとしている。

国東半島では、これらの墓地が示すように、近世になっても集落の後背地であるヤマなどに墓地が営まれる場合が多い。そのなかで、熊野墓地や財前家墓地のように中世から近現代まで連続する墓地は他地域ではあまり例がなく、国東半島の大きな特色の一つといえる。

なお、半島各地にある近世の墓地についても、田染荘調査をはじめとする一連の荘園調査において、墓地の立地あるいは平面プランに近世のムラの在り方が反映されていることが明らかにされてきている。たとえば、村の庄屋家の墓地は独立して築かれる場合が多いが、基本的にこれはその庄屋家が中世の土豪の系譜にあるような、地域の長であることによる。近世になって新たに庄屋として任命された家の場合、初期の墓地は他家と混在する形をとる。前者の例としては、半島北西部の見目村（豊後高田市）の庄屋松成家などが、後者の例としては安岐川上流域の諸田村（安岐町）の庄屋丸小野家などが挙げられる。従来、近世の地域社会については庄屋＝地域の長として理解される傾向にあるが、水本邦彦がいうように十七世紀半ば以前の庄屋の任命は権力が指名したことにもとづくものであり、国東半島における墓地の在り方からすると、かならずしも庄屋は地域において名実ともに有力者が任命されたわけではないことがうかがえる。いわば、近世の村には地域の長が庄屋を務めないものもあり、このことは近世の地域社会を考える上で重要な問題と考える。

また、国東半島の近世墓地に関しては、十八世紀半ば以前の年紀がある墓碑は地域によって個性があることが確認されている。この点についてはすでに谷川章雄らが指摘しているが、櫻井が示したように、十八世紀半ば以前の墓碑の在り方は地域性とともに浄土真宗門徒の墓地では背の低い独特の墓碑を採用している。近世前半の墓碑の独自性は、地域とともに宗派の違いも要因として所在したのである。そして、こうした近世墓碑を石材という点からみると、十八世紀末から十九世紀前半を画期として安山岩から凝灰岩へと移行している。国東半島では、とくに田染盆地の間戸が凝灰岩の石切場として知られており、ここから産出する石材は「田染石」とよばれている。間戸では十九世紀以後に「田染石工」という集団が形成されたことが知られており、こうした集団の形成によって石造物の製作・販売・流通のシステムも整備されたとみられ、以後半島各地に田染石が流通することになる。

（二）石の文化

さて、国東半島では、十三世紀以後実に多くの石造文化財が生み出された。国東塔をはじめ、板碑や宝篋印塔、五輪塔、あるいは磨崖仏や石造仁王像など、その種類は多種多様である。このような「石の文化」というべきものが、国東半島の特徴の一つとして挙げられるが、なかでも国東塔と仁王は注目される石造物といえる。

国東塔

まず、国東塔は宝塔の一種だが、国東半島独特の石造物であり、塔身の下に蓮華座があり、宝珠が火焔で形どられるところに大きな特色がある。最古銘のものは、第Ⅱ章で触れたように一二八三（弘安六）年の岩戸寺国東塔で、これには「奉修如法経」の文字が刻まれ、塔身上部には経典の奉納孔とみられる孔がある。また、岩戸寺国東塔に次いで古い年紀がある正応三年（一二九〇）銘の伊美別宮社国東塔（国重要文化財、国見町）にも同様の銘文があり、国東塔は本来経典を納める塔であったことがわかる。しかし、財前家墓地などの国東塔は供養塔として建てられたもので、十四世紀前半には国東塔は本来の納経という機能とは別の機能を有したことがわかる。そして、以後国東塔は供養塔あるいは墓標として建てられるようになったのである。

石造仁王

国東半島に数多く分布する石造仁王については、岩戸寺のもの（図40参照）が大分県内でも最古銘の像である。これは一四七八（文明十）年に製作されたもので、このほかに中世に製作されたとみられる像として文殊仙寺（国東町）や旧千燈寺（国見町、図32参照）のものがある。これらはいずれも半肉彫であり、ここに中世の仁王像の特徴をみることができる。

こうした石造仁王像については渋谷忠章の先駆的研究があり、一九八一（昭和五十六）年～一九八三年に大分県博が実施した「国東半島の石工」調査によって、半島における石造仁王の分布と製作主体の違いが明らかになった。つまり、国東半島の石造仁王は圧倒的に近世のものが多く、こうした近世の仁王像は基本的に木彫仏と同じように丸彫であり、その系譜については、まず田染石工・熊野石工・夷石工（いずれも豊後高田市）の三つの系譜が明確にわかるという。

たとえば、田染石工による仁王像はダークグレーの凝灰岩質であり、熊野石工と夷石工の作は薄いグレーの安山岩質であることから、色調によって区別することができる。代表的な作としては両子寺像がある。次に、熊野石工の作品はほぼ直立する姿勢をとり、その姿は全体的に動きが少なく硬さがみられる。腰部分の裳のおり返しが真ん中から外に向かって波打つように形式的に刻まれるところも特徴としてある。代表的な作としては安国寺（国東町）の仁王像（図81）がある。そして、夷石工の作品は全体に量感あふれる造形で、像の高さに対して体の幅が広く、いわばずん

図81 安国寺の仁王象

ぐりした印象を与える。霊仙寺（豊後高田市）の仁王像がその代表である。

石材について

このような国東半島の石造物の石材は、前でも触れたように安山岩（マイシとよばれる）と凝灰岩（ハイイシとよばれる）に大別でき、基本的に十八世紀末以前に製作された石造物には安山岩が使用されている。ただし、半島南西部には間戸の石切場に代表されるように、凝灰岩が分布していることから、現在JR日豊本線が通る半島南西部から南部にかけては、熊野墓地の国東塔のように凝灰岩質の中世石造物が点在する。

それでは、半島に残る多種多様な石造物の材料となる石材はどこから切り出されたのだろうか。山田拓伸によれば、十八世紀末まで主流であった安山岩の石切場が半島各地に点在するというが、残念ながらおのおのの石造物の石材についてはまだ明確になっていない。こうした石材の同定作業は今後の大きな課題であるが、国東半島では花崗岩質の石造物は近世以後に製作された鳥居などにわずかに確認されるのみであり、中世から近世を通じて基本的には半島内の石材を利用したことがわかる。

V　歴史遺産としての国東半島

1　荘園村落遺跡と文化的景観

これまで、六郷山と田染荘という国東半島を代表する二つの遺跡を紹介してきた。そこでは、地下に埋蔵された遺構や出土遺物だけでなく、地名や祭礼あるいは仏像といった現在われわれが知ることのできる有形・無形のさまざまな過去の遺産を材料とした。これは、六郷山と田染荘の調査では、現況の記録調査に依拠することが大きかったためである。そして、この現況の調査はすでに何度も使用した言葉であるが、「荘園村落遺跡」という遺跡認識にもとづいたものである。

それでは、「荘園村落遺跡」とはどのようなものなのであろうか。これについては、すでに第Ⅳ章で触れているが、重要な考えであることから、最後にあらためて紹介しておきたい。この荘園村落遺跡という考えは田染荘調査のなかで生み出されたもので、同調査の報告書に甲斐忠彦の的確な説明があるので、少し長いが引用してみよう。

豊後国田染荘の荘域内には、いうまでもなく過去の人びとのさまざまな営為の結果が現存している。埋蔵文化財としての周知（未周知）の遺跡である館跡、山城跡をはじめ、集落またその跡、耕地やその地名、そこを潤す灌漑体系、そのほか数多くの社寺、岩屋、堂祠、石造文化財、さらには道路、墓地、村落信仰や祭礼といったものである。これらは、それぞれに相対する人間の意識や行動の強弱あるいは人間の生活の臭跡の濃淡の差はあっても、おのおのが有機的に結びつき、時に固有の変化を遂げながら一体となって村落の静的ないし動的な現行の地表景観を構成している。すなわち、人びとが起居、寝食する家屋（集落）、日常の糧を生産する農耕地やそこでの営みを保障する水利の体系、その周辺に点々と生きつづける伝統的な地名という名の遺物、個々の家の信仰のよりどころから村落レベルの信仰にまで重層的につながってゆく祭礼やその組織・信仰形態、およびそれぞれのベースとなる石塔・小堂祠・岩屋・社寺、家（集落）の一残像としての墓地、生活空間をつなぐ交通体系、そして村々の生活形態を管理し保守する役割を担った庄屋屋敷や荘官の城、山城。これらがたがいに結びつき、重なり合い、規制しあった結果、今日みる歴史的環境を形成しているのである。これらは何一つ他と無縁には存在し得ず、かつまたどれ一つ欠いても荘園村落の生活はあり得なかったはずである。

つまり、荘園村落遺跡という概念は、現在の景観が歴史的遺産であり、それ自体を「遺跡」としてとらえるものであった。もちろん、このような考え方が突然生まれたわけではなく、これは一九六三年から開始された圃場整備事業の展開という現実のなかで登場したのである。圃場整備事業は、農業の近代化、水田耕作の機械化などを目指したもので、水田の一区画を原則として三〇アールの矩形や方形に整形し、一区画ごとに取水口と排水口を分離、加えて農道などを整備するものである。結果、従前の地割や水利系統の変化、地番の変更や地名の消滅などが起こり、地域ごとに異なった耕地景観は、どの地域でも四角い水田が広がる均一な景観へと変貌したのである。

　このような状況をうけて、一九七八年には「圃場整備事業に対する宣言」がだされ、圃場整備対象地の記録保存が訴えられ、広域水田遺跡という概念が提起された。服部英雄によると、この概念は「地表上にかつての遺構を継承する形での水田が残存している遺跡」で、ここには古代条里制耕地や中世荘園のほかに近世新田地割も含まれ得るという。

　周知のように、遺跡という概念は埋蔵文化財の一ジャンルであり、現行の地表景観とかかわりなく、地下に埋蔵される遺構と遺物、文化財行政の面では文化財保護法等で法的実体をもつものであった。これを狭義の遺跡とよぶと、河原純之や服部が提起した広域水田遺跡は明らかに狭義の遺跡と異なるものであった。荘園村落遺跡はこうした新しい概念の延長線上にあり、水田だけでなく景観全体を遺跡として把握したところに大きな特徴がある。

　荘園村落遺跡の調査では、圃場整備以前の現況図を遺構図面ととらえ、現地にある多種多様な歴史的遺産を記録し、現在から遡及的に過去の景観を復原していく方法が確立された。

　もちろん、同様の調査を全国各地で実施できるわけではないだろうし、どの時代まで過去の様子を知ることができるのかは地域によってさまざまであろう。しかし、まず地域に残る有形無形の歴史遺産について調査記録し、遡及的に過去を復原していくという方法は、調査対象を荘園に限るものではなく、たとえば江戸時代の新田開発、明治時代以後の開発地など、さまざまに地域の歴史を追究する上で用いることができよう。いわば、荘園調査の視点と方法はどのような地域でも援用することが可能なのである。

さて、荘園村落遺跡は圃場整備事業などの諸開発に対応する調査としてはじまった。国東半島では、その後も開発、あるいは過疎が進行した。こうした状況をうけて、とくに第Ⅲ章で触れた六郷山調査は、過疎によって人びとの記憶から忘れられようとしている、あるいは忘れられた、六郷山寺院とその末寺の遺構の所在確認を目的としたものであった。すでに一九八九年に、六郷山寺院の一つである智恩寺の発掘調査が実施されていたが、六郷山調査は現況の記録化をめざし、現在「生きている」寺院も遺跡として認識し、平板測量などによって図面化を行った。この調査は遺構確認調査であるが、その根底には荘園村落遺跡に示される景観そのものを遺跡としてとらえる考えがあり、現況の記録保存という方法を寺院に適用したものである。つまり、本書で紹介した二つの遺跡はいずれも荘園村落遺跡という概念とかかわりをもつのである。田染荘は荘園村落遺跡という概念を生み出した調査の出発点であり、六郷山寺院はそれを援用した調査であり、これらの調査は国東半島の歴史と文化を追究する原動力の一つとなったのである。

さて、二〇〇三年、文化庁によって「農林水産業に関連する文化的景観の保護に関する調査研究（報告）」がまとめられ、文化的景観の保護が二〇〇五年四月から法文化された。ここでいう文化的景観は、水田や畑地、森林あるいは集落など、地域において人間と自然のかかわりのなかで長い年月をかけてはぐくまれ、独特の美しさ、豊かな文化的価値を有する景観をいう。周知のように、このような文化的景観を保護しようとする背景には、一つに一九九二年にユネスコの世界遺産条約に文化的景観という考えが盛り込まれたことがある。そして、いま一つには国内における棚田や里山の景観保存運動の広がりがあり、そのなかで能登半島の「白米の千枚田」や長野県姥捨の千枚田が名勝に指定された。

なお、文化庁の調査研究報告によれば、こうした文化的景観は次のように分類されるという。

Ⅰ　農山漁村地域に固有の伝統的産業および生活と密接にかかわり、独特の土地利用の典型的な形態を顕著に示すもの。水田や畑地、森林、河川、集落の景観がここに含まれる。

Ⅱ　農山漁村地域の歴史および文化と密接にかかわり、固有の風土的特色を顕著に示すもの。古来より生業との関連で信仰となった山、森などの景観や芸術作品の題材などになる農林水産業の景観、独特の気象によって現れる景観がこれに含まれる。

Ⅲ　農林水産業の伝統的産業および生活を示す単独または一群の文化財の周辺に展開し、それらと不可分の一体的価値を構成するもの。農林水産業によって形成された井堰や橋などの工作物と一体となって展開する景観がここに含まれる。

Ⅳ　以上のⅠ～Ⅲの複合景観。

このようにみると、文化的景観は過去の人びとの営みが形づくってきた現在の景観を歴史的遺産とする考えが背景にあることを指摘できる。これは荘園村落遺跡という概念と共通するところがあり、いわば荘園村落遺跡は文化的景観の原点の一つと位置づけられる。

2　国東半島と文化的景観

さて、これまで紹介してきた六郷山と田染荘を国東半島というマクロの視線でとらえ直すと、まず六郷山は、半島中心部近くでは、山地が寺院として利用開発されたことを示す遺跡といえる。第Ⅲ章などで触れたように、六郷山寺院の開発の背景には、ヤマは恐るべき地であり聖なる地という自然観があり、いわば六郷山は古代末における人間と自然とのかかわりを端的に示す遺跡といえる。一方、田染荘は半島のかぎられた平地部開発の典型というべき遺跡である。谷の下流域と比較すると河川が安定していたこともあって、第Ⅱ章で触れた水田開発のモデルでみても、B段階でほぼ水田の面的ピークを迎え、村絵図の描写から十七世紀後半にはC段階に入っていたことが明確にわかる。

このようにみると、六郷山と田染荘は国東半島の歴史と文化を代表する重要な遺跡であるが、これらは第Ⅱ章で略述したような国東半島における過去のさまざまな営みの一端を示す遺跡であることも事実である。六郷山や田染荘のように、過去と現在を結ぶ歴史の糸が明瞭でないにしても、半島にはじつに多くの過去の営みを伝える「遺跡」がある。

たとえば、半島の沿岸部に位置する古墳は、瀬戸内海と豊後水道という二つの「海の道」に囲まれ、本源的に海をなりわいの場とした国東半島の歴史的特徴を端的に示す遺跡であるし、第Ⅳ章で触れた烏帽子岳は、六郷山に編成されていないが、これもヤマの信仰遺跡である。また、熊野墓地や財前家墓地のように成立時期などは明確でな

図82　密乗院地区

いが、中世に製作された石塔が群をなす地は半島各所にある。あるいは、圃場整備などによって変容をうけているものの、過去のムラの景観を基本的に現在に伝える地としては、前でも触れた長岩屋地区や夷地区といった六郷山寺院の周辺地があり、密乗院《みつじょういん》地区（安岐町、図82）や一畑《いちはた》地区（豊後高田市）のみごとな棚田景観は、石造物の所在から中世後半には開発の手が及んでいたことを知ることができる。これらは、半島における山間の土地利用および水田開発の一つの形態を端的に伝えるものであろう。そして、半島に数多くある溜池は近世以後の平地部の開発にともない築かれたものであり、とくに半島西部の海岸線については、近世以後の干拓によって生み出されたものであった。

つまり、直径四〇キロ弱の国東半島には、海とのつながりを示す古墳、山地の開発と信仰の姿を示す六郷山、平地部の開発の成果としての田染荘、そして近世以後の水田開発のために築かれた無数の溜池など、過去の人びとが自らを取り巻く自然とのかかわりのなかで生み出した各時代の「遺跡」が点在するのである。たしかに、これらの「遺跡」は個別でみると、国や県史跡としてはなじまないものも多いが、国東半島というマクロの視点でとらえたとき、これらの「遺跡」は半島における過去の営みを明瞭に伝えるものとなる。

第Ⅰ章などで触れたように、国東半島は全国的

図83　大分県立歴史博物館

にもめずらしい天台宗寺院が密集する地として「仏の里」などとよばれてきた。しかし、国東半島の特色は、「仏の里」ということに留まらず、海に囲まれ起伏に富んだ地形のなかで展開してきた過去の営みを、六郷山や田染荘をはじめとする多くの「遺跡」を通して、コンパクトに長い歴史の中での人びとの日常の営みを身近にわれわれに伝えるところにあると考えられる。こうした点からすると、国東半島の現在の姿自体が、人間が自然と向き合いつつ長い年月をかけてつくりあげてきた文化的景観といえるものだろう。

　また、こうした国東半島は、さまざまな過去の人びとの営みを伝える「野外博物館」といえる。このことは国東半島に限ったことではなく、現在の私たちの目の前にある各地域の姿は過去の人びとの営みが累積したもので、地域の歴史を伝える「博物館」なのである。そして、施設としての「博物館・資料館」は、地域の歴史や文化の要素を集約したコアであるとともに、実際にさまざまな歴史の遺産が所在する地域への入口という役割をもつ。

　国東半島の場合、こうしたコアあるいは入口となるのが大分県博である（図83・84）。大分県博は、一九八一年に開館した大分県立宇佐風土記の丘歴史民俗資料館を前身とし、六基の前方後円墳がある「宇佐風土記の丘」（国史跡）に位置する

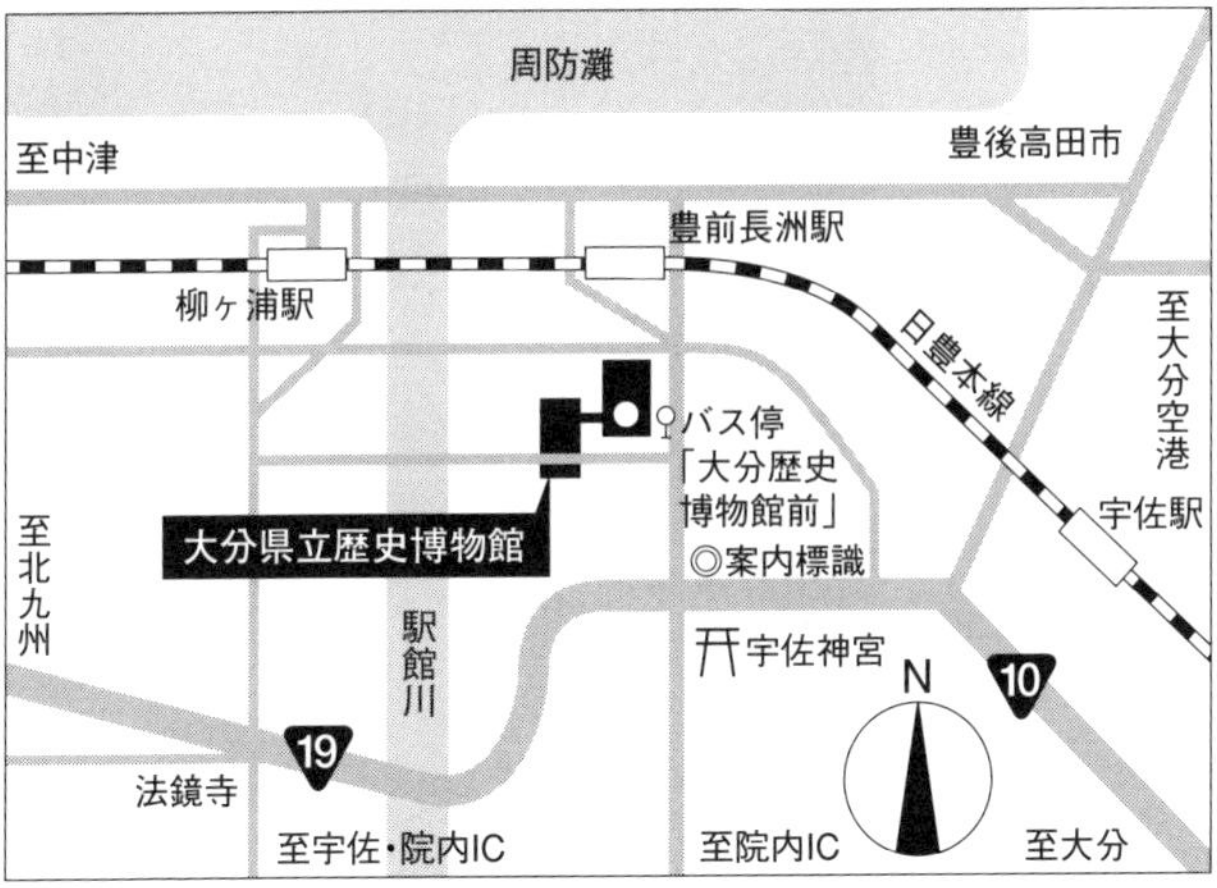

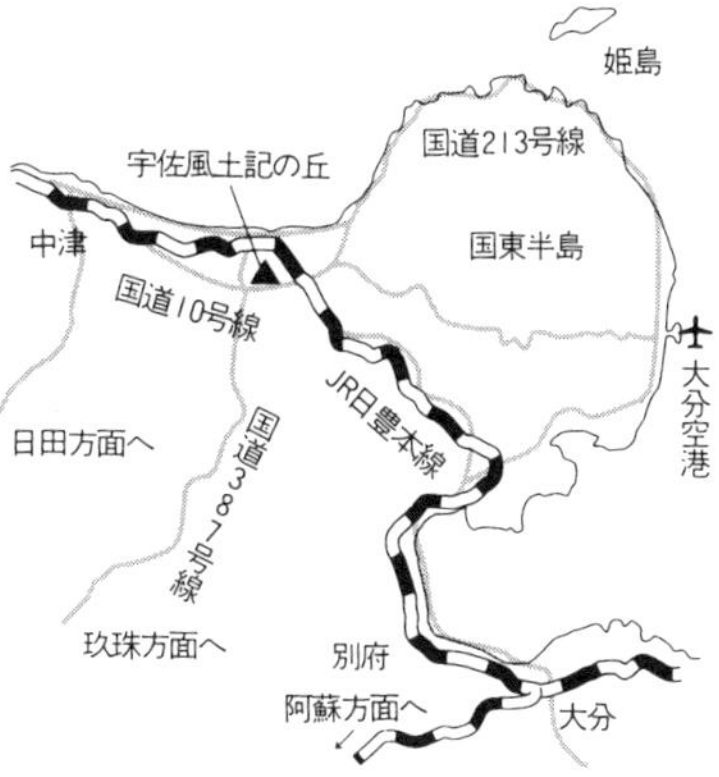

【開館時間】
・午前9時～午後4時30分
(観覧は午後5時まで)
風土記の丘はいつでも散策自由

【休館日】
・月曜日
(その日が祝日、振替休日の場合は、火曜日)
・年末年始
(12月28日～1月4日まで)

【交通】
・バス停「大分歴史博物館前」下車
・JR宇佐駅から車で10分
・JR柳ヶ浦駅から車で5分
・宇佐別府道路「院内IC」より車で15分
・宇佐別府道路「宇佐IC」より車で12分

【問い合わせ先】
大分県立歴史博物館
〒872-0101　大分県宇佐市大字高森字京塚
電話　0978-37-2100
http://rekisihakubutukan-b.oita-ed.jp/

図84　大分県立歴史博物館の概要

図85　小崎地区の復原模型

図86　小崎地区の田植え

遺跡博物館でもある。

一九九八年に常設展示のリニューアルを行ったが、その常設展示室の中心には、富貴寺大堂の実大模型がある。この模型は、現在は剥落がすすんで見えにくくなった大堂内部の壁画の創建当初の姿を想定復原したものである。また、玄関ホールには熊野磨崖仏のレプリカを展示し、常設展示では田染荘小崎地区の第Ⅱ章で触れた「配分状」が作成された頃の景観を想定復原した模型（図85）や中世六郷山の中核寺院であった屋山長安寺の地形模型などを展示している。これらは、右で触れたような地域と博物館・資料館との関係をふまえて製作したものであり、大分県博と現地とをつなぐ回路ともいえる。なかでも、富貴寺大堂の実大模型は実際の富貴寺大堂と見くらべることができるもので、来館者が創建当時の人びととの感覚や思いを追体験する場を提供することも目指したものであった。

ところで国東半島では、一九六〇年代から拍車がかかった人口の流出がいまもつづいている。そのため、国東半島ではムラ自体がなくなろうとしている地域があり、たとえばムラの小さなお堂や祭り、人びとの集まりは確実に失われつつある。現在、国東半島では過去の歴史にもみられなかった大きな時代の画期が訪れているのである。

そのなかで、たとえば小崎地区では田園空間博物館構想事業が進められ、「荘園の里」づくりとして水田のオーナー制を導入し、毎年六月には田植え、十月には稲刈りを行い、水田景観の維持を図っている（図86）。あるいは、六郷山では「ほとけの里・国東半島山地一周トレッキング」が地元の人びとの手によって開かれているし、国東半島の歴史と文化を見つめ直そうという気運も生まれてきている。

いわば、このような動きは、これまでの国東半島における意義深い人びとの歩みを途絶えさせてしまうことなく、後世に引き継ぐことをめざしたものと位置づけることができるし、またこれは国東半島のこれからの歴史を形成する一要素でもある。そして、どこまで国東半島の豊かな歴史と魅力を伝えることができたのか心許ないが、本書もまた同様の趣旨にもとづくささやかな試みであった。

参考文献

青山賢信　一九八二「六郷山寺院とその建築」大分県教育委員会『六郷満山関係文化財総合調査概要（二）』
安岐町教育委員会　一九八八『両子寺講堂跡』
安岐町教育委員会　一九八七『久末京徳遺跡』
安岐町教育委員会　二〇〇一『塩屋条里遺跡』
朝尾直弘　一九六二「幕藩体制成立の基礎構造」『日本史研究』五九号
網野善彦　一九八九「豊後国六郷山に関する新史料」大分県立宇佐風土記の丘歴史民俗資料館『研究紀要　Ⅵ』
飯沼賢司　一九九一「修正鬼会と国東六郷満山」『西方の春大系日本の歴史と芸能第三巻』平凡社
飯沼賢司　一九九四「中世における「山」の開発と環境」『大分県地方史』第一五四号
飯沼賢司　一九九八「鎌倉幕府と国東」豊後高田市『豊後高田市史　通史編』
飯沼賢司　二〇〇一「中・近世の六郷山寺院と峯入り」『別府大学アジア歴史文化研究所報』第一八号
飯沼賢司　二〇〇二「古代の国埼津と宇佐宮」『飯塚遺跡』国東町教育委員会
飯沼賢司　二〇〇四『環境歴史学とはなにか』山川出版社
石井進　一九六九「九州諸国における北条氏の所領」『荘園制と武家社会』吉川弘文館
石井進　一九九五「国東の荘園の魅力」同編『中世のムラ』東京大学出版会
石井進編　一九九五『中世のムラ　景観は語りかける』東京大学出版会
出田和久　一九八六「近世村落の変遷―村絵図と地籍図―」大分県立宇佐風土記の丘歴史民俗資料館編『豊後国　田染荘の調査　Ⅰ』
上原真人　二〇〇二「古代の平地寺院と山林寺院」『佛教藝術』二六五号
海老澤衷　一九八六「灌漑体系の変遷」大分県立宇佐風土記の丘歴史民俗資料館『豊後国田染荘の調査　Ⅰ』

海老澤衷　一九九一「豊後国田染荘の景観と復原」石井進編『中世のムラと現代』吉川弘文館、のち同著『荘園公領制と中世村落』校倉書房
海老澤衷　一九九八「室町幕府と国東」豊後高田市『豊後高田市史』
海老澤衷　一九九九『荘園公領制と中世村落』校倉書房
海老澤衷　二〇〇五『景観に歴史を読む　史料編』早稲田大学
大分県教育委員会　一九七六『六郷満山関係文化財総合調査概要　1』
大分県教育委員会　一九七七『六郷満山関係文化財総合調査概要　2』
大分県教育委員会　一九八二『六郷満山関係文化財総合調査概要　3』
大分県教育委員会　一九八七『大分県の近世社寺建築』
大分県教育委員会　一九八八『安岐城跡・下原古墳』
大分県教育委員会　一九九八『大分の前方後円墳』
大分県立宇佐風土記の丘歴史民俗資料館　一九八二『国東半島の石工　1』
大分県立宇佐風土記の丘歴史民俗資料館　一九八三『国東半島の石工　2』
大分県立宇佐風土記の丘歴史民俗資料館　一九八六『豊後国田染荘の調査Ⅰ』
大分県立宇佐風土記の丘歴史民俗資料館　一九八七『豊後国田染荘の調査Ⅱ』
大分県立宇佐風土記の丘歴史民俗資料館　一九九二『智恩寺』
大分県立宇佐風土記の丘歴史民俗資料館　一九九二『豊後国都甲荘の調査　資料編』
大分県立宇佐風土記の丘歴史民俗資料館　一九九三『豊後国都甲荘の調査　本編』
大分県立宇佐風土記の丘歴史民俗資料館　一九九三〜二〇〇二『六郷山寺院遺構確認調査報告書　Ⅰ〜Ⅹ』
大分県立宇佐風土記の丘歴史民俗資料館　一九九八『豊後国香々地荘の調査　資料編』
大分県立歴史博物館　一九九九『豊後国香々地荘の調査　本編』

大分県立歴史博物館　二〇〇三『豊後国安岐郷の調査　資料編』
大分県立歴史博物館　二〇〇二『特別展　千年のいのり』
大分県立歴史博物館　二〇〇四『豊後国安岐郷の調査　本編』
大分県植物誌刊行会　一九八九『新版大分県植物誌』
大田村教育委員会　一九九四『豊後国田原別符の調査』
大田村教育委員会　一九九四『田原谷の中世石造物』
大田村教育委員会　一九九六『古城得遺跡・小川原遺跡』
乙咩政已　一九八八「野仲郷弁分と弁分の性格」『三光村誌』三光村
河原純之　一九八四「条里遺構の諸問題」『条里制の諸問題・Ⅲ』奈良国立文化財研究所
国東町　一九七〇『国東町史』
国東町教育委員会　一九八九『安国寺遺跡』
国東町教育委員会　一九九七『由井ヶ迫遺跡』
国東町教育委員会　一九九九『原七郎丸遺跡Ⅰ地区・口寺田遺跡』
国東町教育委員会　二〇〇一『県営圃場整備川南地区関係発掘調査報告書』
国東町教育委員会　二〇〇三『飯塚遺跡』
栗田勝弘　一九九七「国東六郷山寺院の伽藍配置と経塚」『古文化談叢』第三七集
後藤一重　一九九四「水田開発からみた地域の歴史—竹田川下流域の場合から—」香々地町教育委員会『香々地の遺跡Ⅰ』
後藤一重　一九九五「農村集落の歴史的変遷—竹田川下流域の場合から—」香々地町教育委員会『香々地の遺跡Ⅱ』
後藤一重　二〇〇三「八坂久保田遺跡・八坂本庄遺跡・八坂中遺跡の出土土器について」大分県教育委員会『八坂の

遺跡　Ⅲ』
後藤宗俊　一九八三「ある〈村落考〉」『大分県地方史』一〇八号、のち同著『東九州歴史考古学論考』山口書店　一九九二年に収録
小柳和宏　二〇〇四「城館の編年」大分県教育委員会『大分の中世城館　第四巻』
坂井秀弥・本中眞編　二〇〇〇『日本歴史の原風景』新人物往来社
櫻井成昭　一九九九「六郷山研究の成果と課題」『大分県地方史』第一八五号
櫻井成昭　一九九九「溜池の築造」大分県立歴史博物館『豊後国香々地荘の調査　本編』
櫻井成昭　二〇〇三「「豊州前後六郷山百八十三所霊場記」について」『大分県立歴史博物館研究紀要4』
櫻井成昭　二〇〇四「中世の耕地と集落」大分県立歴史博物館編『豊後国安岐郷の調査　本編』
櫻井成昭　二〇〇四「真宗門徒の墓地と墓碑」『大分県立歴史博物館研究紀要5』
渋谷忠章　一九八〇『大分の石造仁王』
清水宗昭　一九九三「豊地方における古墳時代前・中期の首長層の動向について」『古文化談叢』第三〇集（中）
下條信行編　二〇〇四『西南四国―九州間の交流に関する考古学的研究』科学研究費報告書
薗田香融　一九五七「古代仏教における山林修行とその意義―特に自然智宗をめぐって―」『南都仏教』四号、のち
同著『平安佛教の研究』法蔵館　一九八一年に収録
高橋学　一九九四「古代末以降における地形環境の変貌と土地開発」『日本史研究』三八〇号
田中裕介　一九九二「豊後」『前方後円墳集成　九州編』山川出版社
谷川章雄　一九八八「近世墓標の類型」『考古学ジャーナル』二八八
段上達雄　一九八六「村落と信仰」大分県立宇佐風土記の丘歴史民俗資料館『豊後国田染荘の調査　Ⅰ』
中野幡能　一九七五「八幡信仰史の研究（増補版）」吉川弘文館
西別府元日　一九九八「躍動する古代の豊後高田」豊後高田市『豊後高田市史』

長谷川賢二　一九九一「修験道史のみかた・考えかた」『歴史科学』一二三号
服部英雄　一九八三「文化財保護行政上の課題としての中世遺跡ならびに広域水田遺跡」『日本歴史』四二七号
文化庁文化財保護部　二〇〇三『月刊文化財』四八〇号　第一法規
豊後高田市　一九九六『くにさきの世界』豊後高田市特論編
豊後高田市　一九九八『豊後高田市史　通史編』
豊後高田市教育委員会　一九八九『柿園庵跡』
豊後高田市教育委員会　一九九〇『上野遺跡』
豊後高田市教育委員会　二〇〇二『嶺崎地区遺跡発掘調査報告書』
豊後高田市教育委員会　二〇〇三『カワラガマ遺跡—瓦窯跡の調査—』
真野和夫　一九八六「城館と中世寺院」大分県立宇佐風土記の丘歴史民俗資料館『豊後国田染荘の調査　I』
三重野誠　二〇〇三『大名領国の基礎構造』校倉書房
水本邦彦　一九八五「村共同体と村支配」『講座日本歴史5』東京大学出版会
宮内克己編　二〇〇三『特別展　二千年の鼓動』大分県立歴史博物館
宮崎克則　一九九五『大名権力と走り者の研究』校倉書房
山岸常人　一九八四「富貴寺大堂の建築」大分県立宇佐風土記の歴史民俗資料館『富貴寺』
山田拓伸　一九八四「半島の石切場と石材分析」『国東半島の石工　2』大分県立宇佐風土記の歴史民俗資料館
結城明泰　一九八三「国東半島の製鉄と鍛冶の遺跡」大分大学教育学部『国東半島』
渡辺文雄　一九八五「国東半島西南部の南北朝期凝灰岩系石造品をめぐる諸問題」『二豊の石造美術』五
渡辺文雄　一九九六「くにさきの寺と仏たち」豊後高田市『豊後高田市史　特論編』

おわりに

私が大分県立宇佐風土記の丘歴史民俗資料館に着任して以来、本書を書くにいたるまで、じつにたくさんの方々から、さまざまなことを教えていただいた。とくに、現地でお世話になった方は数え切れない。

しかし、本書がそうした方々からの教えを充分に咀嚼したものであるかというと、内心忸怩たるものがある。それでも、かつて国東半島のことを何も知らなかった私が、まがりなりにも本書をなすことができたのは、このようなたくさんの方々との出会いがあったからこそである。

逐一お名前を記すことは控えさせていただくが、国東半島を調査するようになり、本書がなるまでにお世話になったたくさんの方々にこの場をお借りして厚くお礼申し上げます。

また、末筆となりましたが、本書への写真掲載を了承いただいた大分県立歴史博物館をはじめ、その他各関係者の皆様にあわせてお礼申し上げます。

菊池徹夫
坂井秀弥　企画・監修「日本の遺跡」

4　六郷山《ろくごうさん》と田染荘遺跡《たしぶのしょういせき》

■著者略歴■

櫻井成昭（さくらい・なりあき）

1968年、愛知県生まれ

岡山大学大学院文学研究科史学専攻修了

現在、大分県立歴史博物館主任学芸員

主要著書等

　『豊後高田市史』（共著）豊後高田市、1998年

　『宇佐・国東散歩26コース』（共著）山川出版社、2001年

2005年11月10日発行

著　者　櫻井《さくらい》　成昭《なりあき》

発行者　山脇　洋亮

印刷者　亜細亜印刷㈱

発行所　東京都千代田区飯田橋4-4-8　東京中央ビル内　（株）同成社

TEL 03-3239-1467　振替 00140-0-20618

ISBN4-88621-335-9 C3321

シリーズ　日本の遺跡

菊池徹夫・坂井秀弥　企画・監修

【既刊】

第1巻　西都原古墳群　南九州屈指の大古墳群　北郷泰道著　一八九〇円

第2巻　吉野ヶ里遺跡　復元された弥生大集落　七田忠昭著　一八九〇円

第3巻　虎塚古墳　関東の彩色壁画古墳　鴨志田篤二著　一八九〇円

第4巻　六郷山と田染荘遺跡　九州国東の寺院と荘園遺跡　櫻井成昭著　一八九〇円

（価格は税込）

【続刊】

第5回配本　瀬戸窯跡群　日本最大の窯跡群　藤澤良祐著

第6回配本　宇治遺跡群　藤原氏が残した平安王朝遺跡　杉本　宏著

第7回配本　今城塚と三島古墳群　真正の継体天皇陵墓　森田克行著